SUFFRAGE UNIVERSEL

ET

MONARCHIE

ÉTUDE

SUR

QUELQUES-UNES DES RAISONS

QUI RENDENT

LA MONARCHIE NÉCESSAIRE EN FRANCE

PAR

J. DE COLBERT

PARIS

AMYOT, LIBRAIRE-ÉDITEUR

8, RUE DE LA PAIX, 8

—

1873

SUFFRAGE UNIVERSEL

ET

MONARCHIE

———

I

La thèse que nous soutenons dans ce travail, et qui n'est que l'expression d'une profonde conviction, est celle-ci : le suffrage universel, aussi largement entendu que possible, doit être maintenu. Pratiquement, d'ailleurs, il serait difficile de le supprimer; d'autre part, tout pouvoir sans contrôle et sans frein ne saurait être que funeste. Nous en concluons que la monarchie limitée est la forme de gouvernement qui s'impose nécessairement à la France. *A priori*, la monarchie limitée donne comme garantie aux intérêts conservateurs un prince héréditaire, qui, très-probablement, ne sera jamais un démagogue, et, comme garantie aux autres intérêts, un parlement électif assez puissant pour contenir le prince et pour l'obliger à compter avec l'opinion publique. Au contraire, avec une république démocratique, tous les pouvoirs sont à l'élection du peuple. Qu'est-ce qui peut donc nous assurer qu'un jour ou l'autre ces pouvoirs ne se trouveront pas tous aux mains d'hommes issus de la démagogie. Mais s'il peut se faire que président et majorité de l'Assemblée soient en même temps les élus de la démagogie, quelle garantie y aurait-il pour les intérêts conservateurs ?

Tant au point de vue de la pondération des pouvoirs qu'à celui de diverses autres questions que nous devons aussi étudier dans ce travail, ayons toujours présentes ces remarquables paroles que Washington adressait au peuple américain en quittant les affaires (1) :

« Pour assurer votre félicité, il ne suffira pas que
« vous fassiez cesser toute opposition faite irrégulière-
« ment à l'exécution des lois, il faudra que vous résis-
« tiez avec force à l'esprit d'innovation. Souvenez-vous
« toujours que le temps et l'habitude sont nécessaires pour
« fixer le caractère des gouvernements comme pour conso-
« lider toutes les institutions humaines ; que l'expérience
« est le plus sûr moyen de connaître la véritable ten-
« dance d'une constitution ; *et que la facilité à opérer*
« *des changements d'après de simples hypothèses ne peut*
« *occasionner qu'une extrême instabilité*. Rappelez-vous
« sans cesse que, dans un pays aussi étendu que le
« nôtre, il importe que le gouvernement ait toute la
« force qui peut être compatible avec la liberté. C'est
« sous un gouvernement de cette sorte, *pourvu que les*
« *pouvoirs en soient distribués sagement*, que la liberté
« elle-même trouvera son plus sûr appui. Elle n'existe
« que de nom lorsque le gouvernement est trop faible
« pour réprimer les factions, lorsqu'il ne peut contenir
« chaque membre de la société dans les limites qui lui
« sont assignées par les lois, et qu'il est incapable de
« procurer à tous les citoyens la paisible jouissance de
« leurs droits.

(1) Adresse d'adieux de Washington au peuple américain du 7 septembre 1796.

« Je vous ai déjà prémunis contre les dangers des
« partis, lorsque leurs divisions ont un caractère géo-
« graphique ; laissez-moi vous prémunir à présent
« contre les pernicieux effets de l'esprit de parti dans
« une acception plus générale. Cet esprit est malheu-
« reusement inséparable de notre nature ; il s'unit aux
« passions les plus fortes du cœur humain ; il existe
« sous différentes formes dans tous les gouvernements ;
« *mais c'est surtout dans les gouvernements populaires*
« *qu'il exerce le plus de ravages, et l'on peut vraiment*
« *l'en considérer comme l'ennemi le plus acharné. La*
« *domination alternative des factions irrite cette soif de*
« *la vengeance qui accompagne les dissensions civiles.*
« *Elle est elle-même un despotisme affreux*, et elle finit
« par en amener un plus durable. Les désordres et les
« malheurs qui en résultent préparent les hommes à
« chercher la sûreté et le repos dans le pouvoir d'un
« seul ; et tôt ou tard, plus habile ou plus heureux que
« ses rivaux, le chef de quelque faction met cette dis-
« position à profit pour s'élever sur les ruines de la
« liberté publique (1). Sans prévoir pour nous une

(1) En lisant ce qui précède, on se rappelle les terroristes frappant les
dantonistes, les thermidoriens vengeant Danton ; mais il faut remarquer
que Napoléon ne fut jamais le chef d'aucune faction. Le 19 brumaire il
put dire avec vérité aux « Anciens » : « Les différentes factions sont venues
« sonner à ma porte ; je ne les ai point écoutées parce que je ne suis d'au-
« cune coterie, parce que je ne suis que du grand parti du peuple fran-
« çais. » La France se jeta dans les bras de Bonaparte pour échapper aux
factions qui se proscrivaient ; mais avec cette exception que Bonaparte
n'était le chef d'aucune d'elles. Tout ce que dit Washington s'est exactement
accompli en France. Le despotisme du dictateur de Washington ne ren-
verse pas la liberté ; non, car il s'élève sur ses ruines : il ne se substitue pas
à la liberté mais à un despotisme intolérable. Et au 18 brumaire, quand la
liberté, telle que l'entend Washington, avait-elle existé ? Était-ce quand la
vie et la liberté des citoyens dépendaient d'un mot du club des jacobins ?
Était-ce quand le Directoire impuissant, à empêcher les factions de désoler
la plus grande partie de la France, ne vivait lui-même qu'à grand renfort

« pareille extrémité, les suites funestes qu'entraînent
« communément l'esprit de parti doivent nous porter à
« le décourager et à le contenir. Cet esprit, partout où
« il règne, ne manque jamais d'agiter les conseils natio-
« naux et d'affaiblir l'administration publique; il allume
« la haine, fomente les troubles et produit des soulève-
« ments ; il donne de l'influence aux étrangers et intro-
« duit la corruption dans toutes les branches du gou-
« vernement ; et c'est ainsi que la politique et la volonté
« d'une nation sont soumises à la politique et à la volonté
« d'une autre nation.

« *On dit que, sous les gouvernements libres, les partis*
« *sont utiles en ce qu'ils rendent l'administration cir-*
« *conspecte, et qu'ils entretiennent l'esprit de liberté.*
« *Cette assertion peut être juste jusqu'à un certain point ;*
« *et dans un gouvernemeut monarchiqne* (1) *l'esprit de*
« *parti peut être toléré par le patriotisme. Mais il ne*
« *doit point en être ainsi dans les gouvernements popu-*
« *laires et purement électifs qui, de leur nature, ont assez*
« *de cet esprit ; et, comme ils doivent constamment en*
« *redouter l'excès,* il faut que l'opinion publique s'efforce

d'actes arbitraires ? En 1799 on était au lendemain de la Terreur, et d'une
réaction qui, de son côté, avait fait de nombreuses victimes, à une époque
où le moindre avantage obtenu par l'un des partis était une menace de
proscription pour ses adversaires. Il était donc indispensable qu'un nouveau
parti, étranger à ces passions, se formât et qu'il occupât solidement le pouvoir, de manière à en interdire l'accès à des haines implacables. Que l'on
pèse avec l'attention qu'elles méritent les paroles de Washington, et l'on
en conviendra, l'extrémité qu'il jugeait inutile de prévoir pour l'Amérique
était inévitable pour la France: vu l'état des choses et des esprits, l'intro-
nisation d'un pouvoir extrêmement autoritaire y était une conséquence
forcée. Il ne serait pas plus juste de reprocher à Napoléon de n'avoir pas
tenté l'impossible que de lui reprocher d'avoir détruit une liberté qui
n'existait pas.

(1) Donc Washington admettait qu'une monarchie pût être un gouvernement libre; et l'on voit ici que gouvernement libre et gouvernement
populaire n'étaient point pour lui deux expressions synonymes.

« toujours de le modérer. C'est un feu qui ne peut être
« éteint. Il ne s'agit donc pas de travailler à l'entretenir,
« mais au contraire de veiller sans cesse dans la crainte
« que sa flamme ne consume au lieu d'échauffer.

« Il importe également que ceux qui, dans un pays
« libre, participent à l'action du gouvernement, se con-
« tiennent dans les limites que la constitution a posées et
« qu'ils n'empiètent pas sur les attributions les uns des
« autres. *Cet esprit d'empiètement tend à concentrer tous*
« *les pouvoirs en un seul* (1), *et par conséquent à établir*
« *le despotisme sous quelque gouvernement que ce soit.*

« Il suffit de savoir combien l'amour du pouvoir et
« le penchant à en abuser sont naturels au cœur de
« l'homme (2) pour sentir ces vérités : *de là vient la*
« *nécessité de balancer les pouvoirs publics par leur*
« *division et leur partage entre plusieurs dépositaires*
« *qui défendent cette propriété des empiètements les uns*
« *des autres. L'expérience des temps passés et modernes*
« *nous fournit des exemples de l'excellence de ce système ;*
« nous en avons quelques preuves dans notre pays et
« d'autres sous nos yeux. *Il n'est pas moins nécessaire*
« *de contenir les pouvoirs que de les instituer.* Si, dans
« l'opinion du peuple, une distribution nouvelle ou des
« modifications sont désirables dans l'organisation cons-
« titutionnelle, il faut opérer les réformes suivant les lois
« légales, mais non souffrir que ces changements aient
« lieu par usurpation. On arrive quelquefois à produire
« un bien passager par ce dernier moyen ; mais en gé-
« néral il est l'arme la plus usitée pour détruire un gou-

---

(1) Dans une démocratie le pouvoir populaire tend toujours presque irré-
sistiblement à s'accroître au dépens des autres ; c'est pour cela que les
démocraties ont si souvent dégénéré en démagogie.

(2) Cela est aussi vrai de l'homme pris individuellement que de l'homme
pris collectivement ; aussi vrai d'une classe si nombreuse qu'elle soit que
d'un simple individu.

« vernement libre, et il finit toujours par en amener la
« chute. »

Nous avons tenu à citer (1) intégralement un passage
aussi élevé et aussi plein d'enseignement. On ne s'éton-
nera donc pas de rencontrer dans cette citation divers
points qui ne touchent guères à notre sujet ; nous avons
seulement souligné ceux sur lesquels nous nous appuie-
rons, soit immédiatement soit un peu plus loin.

Ainsi les Anglo-Saxons, quoique beaucoup plus froids
et beaucoup moins sujets aux entraînements irréfléchis
que nous, ont toujours jugé utile de multiplier les principes de contrôle dans leurs divers systèmes de gouvernement. Prétendra-t-on que plus les pentes sont rapides et
nombreuses moins il y a besoin de freins ?

Pour contenir le pouvoir, et un pouvoir aussi enclin
aux empiètements que la démocratie, dans les limites qui
lui auront été assignées, peut-on s'en remettre à quelques déclarations de principes inscrites et en quelque
sorte enterrées dans le livre des lois ? N'est-il pas plus
sûr de créer une barrière vivante et d'instituer des pouvoirs divers par essence et intéressés à ne se laisser ni
amoindrir, ni déposséder ?

Quant au suffrage universel, même ceux qui ne l'aiment pas, avouent qu'il serait bien difficile de le supprimer ; et pourquoi priver de tout pouvoir politique légal
un nombre plus ou moins grand de classes populaires ?
A quoi bon réduire à l'inertie, dans les questions qui con-
cernent l'État, une partie peut-être considérable des
forces vives de la nation ? D'ailleurs est-ce une combinaison législative qui peut empêcher la réalité d'exister ?
Derrière ce voile de silence qu'a pu jeter la loi, il y a des

____

(1) Nous ne donnons pas l'adresse d'adieux du commencement jusqu'à la
fin ; mais, dans le passage que nous en avons cité, nous avons tenu à conserver l'enchaînement des idées.

êtres qui pensent, qui se meuvent, des classes d'hommes dont les souffrances, la disparition, les mécontentements importent à la nation.

Si l'on veut éviter ces plaies cachées qui minent secrètement un peuple, il ne faut rien faire qui puisse empêcher que quelques classes de la société ne soient entendues dans les conseils de l'État et qu'elles n'y soient défendues avec l'ardeur nécessaire. Mais alors qui s'occupera de ces classes si leur faveur n'ouvre pas la voie des honneurs ?

En dehors de quelques-unes de ces natures d'élite qui savent ce que c'est que des soins désintéressés, ce sera de ces agitateurs vulgaires qui se sentent incapables d'arriver autrement que par un bouleversement. Les premiers, tant que tout ira bien, seront souvent traités de chimériques par la foule des hommes, soi-disant pratiques; mais, quand le mal aura éclaté, ce sera Marat et non Liancourt qui répondra à la furie de haines et de passions longtemps comprimées.

Ainsi donc, il y aurait danger d'être surpris pour avoir ignoré le mal; danger ensuite de voir le mouvement dirigé non par les réformateurs honnêtes et désintéressés, mais par de bas ambitieux.

On dira que les Anglais peuvent se passer du suffrage universel. Cela est vrai, seulement il faut tenir compte du caractère ferme et déterminé des Anglais, qui permet de donner presque toute latitude aux manifestations populaires. Leurs réunions sont souvent plus orageuses que les nôtres; mais si, profitant du tumulte on veut changer l'objet de la réunion, aussitôt les esprits entrent en défiance et se replient sur eux-mêmes. Les Français, au contraire, sont excessivement mobiles et impressionnables. Les têtes se montent, et un seul mot parfois suffira pour électriser la foule et pour la porter à on ne sait quelle extrémité. On s'était réuni pour un objet tout à fait inoffensif; mais, si l'occasion s'en présente, pourquoi n'envahirait-on pas la Chambre et les Tuileries? Il n'y a pas à le nier : trop souvent en France les manifestations publiques n'ont servi qu'à des aspirations dont on ne parlait guères en convoquant la foule.

Pourquoi repousser le suffrage universel ? Défaut de lumières; s'écrie-t-on. Soit. Mais attendez-vous donc du corps électoral des opinions approfondies et fondées sur la connaissance de toutes les données nécessaires ? Comment formeriez-vous un pareil corps électoral? Il faudrait qu'il fût lui-même une sorte de chambre ou de conseil d'État. En quoi, par exemple, le pays légal du régime de Juillet s'est-il montré supérieur au suffrage universel ? Si nous laissons tomber les gouvernements avec la plus extrême légèreté, nous devrions du moins nous rappeler ce que nous en disions aux moments où ils tombaient. Est-ce au point de vue de la moralité, que vous voudriez trouver des garanties dans le corps électoral ? A cet égard, si vous critiquez le suffrage universel, quels reproches n'a pas encourus le suffrage restreint? — Nous voulons avoir une Assemblée éclairée ? Alors nous devons avant tout tenir compte de cet objet, tout à fait incontestable des élections, qui est de faire connaître les aspirations et les besoins du pays tout entier. Je suis un habitant du pays; et qui peut, mieux que moi-même, affirmer qu'un homme dit ce que je pense et exprime mes vœux ?

Nous voudrions trouver certaines garanties dans le corps électoral, mais, avant de supprimer le suffrage universel, voyons du moins, quelles garanties donneraient les divers corps électoraux auxquels on peut raisonnablement songer. Et, alors nous devons nous demander d'où dérivent, chez la plupart des hommes, leurs opinions politiques, ce qu'elles sont, enfin ce qu'on peut attendre des lumières des divers corps électoraux, et par suite, quelle doit être la mission du corps électoral ?

La division la plus vraie et la plus constante de l'opinion est celle qui la partage en novatrice et en conservatrice ; et, au risque de paraître singulier, nous n'hési-
terons pas à dire que nous ne croyons pas que cette
division ait jamais été ni mieux exprimée ni mieux
expliquée que par une caricature que nous avons vue il
y a quelques années.

« Je ne veux pas de réformes ! » s'écrie bien haut et
d'un air décidé un monsieur gros et gras, bien portant,
bien nourri et bien vêtu, qui est à droite du dessin.

« Je voudrais une réforme modérée, » dit au milieu,
un monsieur qui n'est pas trop maigre, et dont la mise
indique une médiocre aisance.

« Il me faut une réforme radicale ! » s'écrie, à gauche,
un homme en haillons et aux joues creuses.

Une jolie anecdote que M. le duc de Fezensac raconte,
à un tout autre point de vue, dans ses *Souvenirs militaires*, que tout le monde a lus avec tant d'intérêt, peut
aussi mettre en relief cette même manière de voir : « Ce
« fut à une de ces promenades militaires dont je viens
« de parler, dit M. le duc de Fezensac, que mon sous-
« lieutenant me dit d'un ton dégagé, en jouant avec son
« épée : — Sergent, nous *fons* là une belle promenade. —
« Oui, mon lieutenant, répondis-je ; mais moi, qui ai un
« sac et un fusil à porter, je trouve que nous *vons* un
« peu loin. »

En principe très-général, le conservateur, c'est ce
gros homme représenté à droite du dessin. La vie lui
est facile, il y trouve toutes ses aises : rien de plus
naturel qu'il se figure volontiers que tout est pour le
mieux. Le radical, c'est l'homme qui marche sous le
poids des désirs réfrénés des privations et de la misère.

Certes, il ne faudrait pas se renfermer étroitement
dans cette manière de voir : ce serait nier le cœur et
l'intelligence.

Des hommes riches, quitte à s'appauvrir, ne songent qu'à diminuer l'indigence autour d'eux, et presque oublieux d'eux-mêmes, ne voient qu'elle; d'autre part, des hommes, pour qui la vie est dure, s'opposent avec énergie à certaines réformes, parce qu'ils les trouvent injustes. D'ailleurs, il ne faudrait pas se figurer l'humanité partagée en individus ne rêvant que réformes, (ce serait tout au plus vrai pour une partie de la classe ouvrière des grands centres) et en individus ne rêvant que plans pour empêcher que la moindre chose ne soit changée. La vérité est, en ce qui concerne l'infiniment grande majorité, que les hommes quels qu'ils soient, pauvres ou riches, sont en général enclins à la routine. Ils ne s'imaginent guère, que les choses puissent se passer autrement qu'elles le font autour d'eux. Mais chaque homme, en raison de sa situation particulière, sera accessible à certaines sollicitations et presque rebelle à d'autres, sujet à se laisser entraîner sur une pente et non sur telle autre. Voyons les classes pauvres. Tout d'abord elles accueillent le réformateur avec défiance : cependant, peu à peu, elles sont partiellement ébranlées; si le changement réussit, elles s'enthousiasment et elles tiennent fortement aux résultats acquis, puis, que de nouveaux changements n'amènent que des maux, elles reviennent à leur esprit de routine et reprennent toute leur méfiance à l'égard de toute nouvelle innovation. Ainsi, l'abolition des droits féodaux a chez nous toute la force d'une tradition de mille ans, et cependant, depuis 89, l'esprit d'innovation a souvent trouvé les classes pauvres, défiantes et soupçonneuses.

En résumé, nous sommes placés entre deux partis extrêmes : d'un côté, des hommes contents de ce qui est, mais craignant toujours que cet état de choses ne soit changé à leur détriment; de l'autre, des hommes ne croyant guères tout d'abord à la possibilité des réformes, en désirant cependant, et par conséquent, au fond, toujours prêts à se laisser séduire par de belles promesses. Les novateurs peuvent parfois trouver la foule de ces derniers momentanément réfractaire, mais, en général, ils ne tardent guères à reprendre sur elle un certain ascendant.

Nous n'avons pas à faire l'apologie de l'esprit d'innovation, puisqu'à notre époque il jouit plutôt d'une trop grande popularité : on l'accueille avec faveur, on lui pardonne volontiers toutes ses fautes, parce qu'il est toujours facile de le rapporter à un généreux désir d'améliorer le sort de l'humanité ; bien souvent, cependant, il n'a d'autre principe qu'un maladif amour du changement et qu'un dédain inconsidéré du passé et du présent, qui est l'œuvre du passé ; trop souvent, au contraire, on ne veut voir dans l'esprit de conservation que l'égoïsme des satisfaits, alors qu'il serait juste de le rapporter également au respect du passé et à l'énergique volonté de tirer parti de ce qui est, avant que de s'abandonner aux hasards des innovations. L'esprit d'innovation a eu la gloire d'ouvrir des voies nouvelles ; mais, seul, l'esprit de conservation peut féconder et faire fructifier ce qui est.

Ce qui peut le plus contribuer à élever l'esprit de l'homme c'est, sans contredit, la pensée qu'il peut fonder quelque chose de durable, mais le principe même de cette confiance est le respect du passé. Certes, les novateurs croient fonder pour l'éternité, et la foule peut momentanément s'enthousiasmer avec eux de quelque combinaison qui bouleverse tout ce qui était et qui est fondé sur le dédain ou l'oubli du passé. Mais comment admettre de sang-froid que les générations précédentes n'ayant pu rien nous léguer que d'absurde, la génération présente aura l'insigne privilége de fonder quoi que ce soit de durable. En dépit d'eux-mêmes, le doute se glisse dans l'esprit des novateurs.

La déclaration des droits de 93 est plus exagérée que celle de 89, mais au fond elle est déjà moins confiante. La déclaration de 89 est faite « afin que les réclamations « des citoyens, fondées désormais sur des principes « simples et incontestables, tournent toujours au *main-* « *tien de la constitution* et au bonheur de tous. » Celle de 93, « afin que tous les citoyens, pouvant comparer « sans cesse les actes du gouvernement avec le but de « toute institution sociale, ne se laissent jamais opprimer « et avilir par la tyrannie, afin que le peuple ait « toujours devant les yeux les bases de sa liberté et de « son bonheur : le magistrat la règle de ses devoirs, le « législateur l'objet de sa mission. » Et enfin, plus loin, l'article 28 de la deuxième déclaration porte : « Un peuple « a toujours le droit de servir, de réformer et de changer « sa constitution. Une génération ne peut assujettir à ses « lois les générations futures (1). »

Singulier spectacle, que celui d'une génération s'isolant ainsi, entre l'avenir et le passé ! Comment entreprendre quoi que ce soit pour l'avenir si l'on ne peut s'engager en son nom ? Mais surtout combien peu de temps a suffi à l'esprit d'innovation règnant sans partage pour ébranler cette confiance calme et forte dont nous parlions plus haut. Si en 93 on n'est plus aussi sûr de la déduction qu'on en fait, on croit encore avoir trouvé les principes immuables de la liberté et du bonheur de l'homme. Deux années encore, et cette confiance elle-même aura disparu. Le préambule modeste de la décla-

(1) Jefferson, le célèbre démocrate américain, arrivait à une conclusion analogue ; mais, heureusement pour son pays, il ne fit en général qu'un très-prudent usage, dans la pratique, de ses théories de bel esprit.

ration de l'an III est lui-même un signe de la nouvelle disposition des esprits.

Il est donc nécessaire que l'esprit de conservation et le respect du passé restent vivants ; mais, à cet égard, la plus sûre garantie, peut-être même la seule garantie, réside dans l'hérédité. Combien de fois les républicains eux-mêmes n'ont-ils pas reporté sur le frère ou sur le fils quelque chose de la confiance qu'ils avaient dans le père ou dans le frère. Mais du fait même que la mémoire d'un de leurs parents bénéficie à certaines familles, il résulte pour celles-ci un intérêt né à défendre l'œuvre et la mémoire de ce parent. C'est un sentiment aristocratique, dira-t-on ; nous ne le nions pas, nous n'avons qu'à constater que dans cette limite ce sentiment a sa raison d'être, son utilité, et qu'il paraît indestructible (1).

Il est incontestable que l'utilité d'assurer quelque influence à l'esprit de conservation, milite en faveur d'un pouvoir héréditaire, soit monarchique, soit aristocratique. On nous opposera peut-être l'exemple de la Suisse ou des États-Unis. Le premier de ces pays ne peut guères

---

(1) Nous ne pouvons citer de preuve plus convaincante de la réalité de ce sentiment que l'immense popularité qui entoura le prince Louis-Napoléon en 1848, en quelque sorte exclusivement à cause des souvenirs laissés par son oncle ; et, en ce qui concerne plus spécialement les républicains, est-il besoin de rappeler comme exemple qu'en 48 M. le général Cavaignac dut en partie d'être mis en avant à la mémoire de son frère ; que le nom de M. Carnot ne fut pas sans influence sur sa nomination au ministère. Enfin le passage suivant d'un écrivain radical n'est-il pas lui-même une nouvelle preuve à l'appui de notre assertion : « Un des premiers hommes « au concours desquels le gouvernement provisoire fit appel, » dit M. Vermorel dans *les Hommes de* 1848, « fut M. Carnot, le fils du célèbre « ministre de la République. Le choix était heureux, et le nom de « M. Carnot était de nature à apporter une grande force morale au gou- « vernement. »

L'homme qui, parti des rangs les plus obscurs, s'élève par son génie et par les grands services qu'il a rendus aux plus hautes dignités, reste luiêtre cité comme un exemple de stabilité ; sa constitution, vieille tout au plus de vingt-cinq ans, n'a dû, dans ces derniers temps, d'être conservée qu'à une majorité de 5,000 voix. Il y a donc plutôt lieu de considérer les États-Unis. Or, aux États-Unis la pondération des pouvoirs a été admirablement entendue et organisée. On a élevé autant que possible la constitution au-dessus des caprices de l'opinion. Aux dispositions usitées on en a joint de nouvelles ; ainsi « les Américains ont reconnu « aux juges le droit de fonder leurs arrêts sur la *consti-* « *tution*, plutôt que sur les *lois*. En d'autres termes, ils « leur ont permis de ne point appliquer les lois qui leur « paraîtraient inconstitutionnelles » (1). En dehors du principe héréditaire, on ne peut imaginer une plus forte garantie ; toutefois, n'est-il pas permis de se demander si un pouvoir, où l'hérédité aurait conservé vivante la tradition du grand acte si difficilement accompli de l'union, n'eut pas prévenu la guerre de la sécession (2).

« De tous les vices du gouvernement démocratique,

même, selon sa naissance, homme du peuple ou bourgeois ; mais selon la belle expression de Masséna, — il est un ancêtre. — Il en résulte une situation toute spéciale pour ses enfants : leur seul nom leur vaut d'utiles sympathies, leur position sociale ne dépend plus rigoureusement de leur fortune ou de leur profession. Ils font partie d'une aristocratie qui existe virtuellement partout et qu'on ne pourrait détruire qu'en supprimant la filiation, c'est-à-dire la famille.

Au contraire, le bourgeois proprement dit diffère de l'homme du peuple à peu près exclusivement par sa situation de fortune ou par l'exercice de professions libérales, qu'une certaine instruction première l'a mis à même d'embrasser. Il est donc à remarquer que les liens qui rattachent l'aristo-cratie telle que nous l'avons définie au passé n'existent pas pour le bour-geois ou pour l'homme du peuple. Les ascendants de ce dernier sont aussi obscurs que lui ; les ascendants du bourgeois étaient dans une situation souvent même moindre que la sienne propre.

(1) Tocqueville, *De la Démocratie en Amérique.* Voir aussi l'article 7 de la Constitution fédérale.

(2) Voir, à la fin de cette étude, la note sur les États-Unis.

« écrivait Washington, le plus grand peut-être, c'est
« qu'il faut toujours que le peuple sente avant de con-
« sentir à voir. » — Exclusivement livrée aux novateurs, l'humanité s'épuiserait dans mille expériences
inconsidérées ; aux mains des conservateurs, elle s'allan-
guirait.

Le concours des deux esprits si opposés d'innovation et de conservation est donc la condition essen-
tielle du progrès, et le législateur doit vouloir que leur
action commune préside à la direction des affaires, et
veiller à ce qu'ils puissent sans cesse réagir l'un sur
l'autre.

L'homme qui est au milieu du dessin dont nous parlions plus haut exprime la manière d'être et les tendances des classes moyennes. Comme plusieurs raisons
spécieuses, croyons-nous, peuvent être invoquées en leur
faveur, nous devons entrer dans quelques développe-
ments à leur sujet.

Nous voyons ces classes gouverner l'Angleterre avec
succès ; mais en Angleterre elles agissent entre deux
points fixes, bien nettement déterminés d'un côté par
la couronne et la Chambre des lords, de l'autre par les
manifestations populaires. En France, on a cru que les
tendances opposées se trouveraient conciliées de la manière la plus heureuse dans les classes moyennes, et
l'on a appelé celles-ci à parler au nom de toute la
nation. Était-on dans le vrai ? Prises dans leur ensemble,
les classes moyennes ne doivent être considérées comme
formées ni de gens tout à fait pauvres, ni non plus de
gens *tout à fait parvenus.* Ces derniers doivent être
comptés bien plutôt parmi les conservateurs, et ils
seraient noyés avec eux dans un corps électoral où toute
la classe moyenne serait appelée. Elles sont formées de
gens qui, soit pour accroître une position insuffisante,
soit pour éviter la gêne, doivent constamment se préoc-

2

cuper de leurs affaires (1). Il est donc impossible que les classes moyennes, tout à fait livrées à elles-mêmes, perdent jamais suffisamment de vue leurs intérêts commerciaux ou professionnels, et il y a d'autant moins à compter qu'elles réagissent contre cette tendance que. trop souvent la résultante de leurs divers intérêts coïncide avec l'intérêt national, pour qu'une confusion funeste, parce que cette coïncidence n'est en somme ni toujours vraie, ni toujours exacte, ne se produise pas.

Pourquoi rions-nous de Jérôme Paturot, élevant les cotonnades à la hauteur d'une institution nationale, ou montant à la tribune sous la pression impérieuse de ses

(1) Voici ce que disait, en 1831, M. Bérenger, chargé à la Chambre du rapport sur la loi électorale, pour que l'on n'abaissât point trop le cens de l'éligibilité : « Descendre le cens de l'éligibilité à 500 francs, c'est faire un « appel à l'ambition de ceux qui, ayant à peine un revenu de 4 à 5,000 fr., « ont été livrés toute leur vie au soin d'agrandir leur fortune ou de la « conserver, et dont l'esprit a reçu de cette occupation, légitime à la vérité « mais étroite, une sorte d'empêchement à généraliser ses vues et à les « approprier aux nécessités du gouvernement. » Ces considérations peuvent évidemment, en partie, s'appliquer à la classe moyenne d'une manière générale.

Pour notre part, nous ne serions pas disposés à ajouter trop de confiance aux conditions d'éligibilité. Que l'on fasse par exemple la supposition impossible qu'à l'époque de la Révolution on eût décrété que, seuls, les privilégiés pourraient être élus. Certes nous ne voulons pas prétendre qu'une mesure aussi extrème n'eût vraisemblablement modifié les événements, toutefois, et c'est strictement à ce fait que nous limitons la portée de notre observation : Lafayette, Mirabeau, Hérault de Séchelles, Barras et d'autres encore auraient pu être élus. En Angleterre, nous voyons, à la tête du parti aristocratique, M. Disraëli, qui appartient aux classes moyennes. Chez les hommes politiques, des vues que font naître l'étude, la discussion ou la lutte tendent à se substituer aux vues qui dérivent de la situation personnelle. L'ambition politique est d'ailleurs souvent une passion assez forte pour faire perdre de vue les intérêts privés. La simple passion de la popularité peut souvent mener loin dans cette voie.

Qui veut se rendre compte de la jouissance et de l'enivrement que les ovations populaires font éprouver à certains hommes, n'a qu'à lire dans les œuvres de Marat le récit de son procès et de son acquittement (avril 1793), ou celui qu'il fait des événements du 31 mai.

Si M. Bérenger avait étendu au corps électoral une partie des considé-

commettants, non moins épris de leur industrie que lui de la sienne, sinon parce que ces traits portent juste, et parce que, dans ces ravissantes scènes, M. Louis Reybaud critique la bourgeoisie et son gouvernement comme Molière critiquait les marquis et les précieuses.

Certes, un gouvernement qui dédaignerait ces intérêts serait peut-être bien encore plus à blâmer; mais chacun sent qu'entre ces exagérations se trouvent les vues saines et justes dont il importerait de ne pas trop s'écarter. Quand les classes moyennes sont toute puissantes, les horizons ne tardent pas à se circonscrire, et un ensemble d'intérêts privés tend à se substituer à l'intérêt national.

Les classes moyennes sont tout aussi sujettes que les

rations qu'il faisait trop exclusivement porter sur les éligibles, on pourrait dire sans restriction qu'il avait prévu l'avenir. Il est curieux de comparer à ces appréciations faites avant l'expérience des appréciations faites pendant l'expérience. « Si l'histoire enregistre, » dit M. L. de Carné, dans ses *Études sur l'histoire du gouvernement représentatif en France,* « les mille « misères de ce temps, si elle s'arrête aux nombreuses péripéties de ce « drame de couloir, qui ne se fit supporter de la France que par l'admirable « talent avec lequel il fut joué, elle ne se trompera certainement point sur « le caractère de tant de crises successives. Elle dira que le ministère du « 11 octobre ne s'est point divisé sur la question de la conversion de la « rente, pas plus que celui du 6 septembre 1836 n'est tombé sur le projet « de la disjonction de juridiction réclamée pour les accusés civils et mili- « taires, ni celui du 12 mai 1839 sur les dotations princières ; elle constatera « cette vérité déplorable. mais éclatante, que les occasions des crises mi- « nistérielles n'en étaient jamais les causes véritables. *Elle montrera* « *qu'aucun système n'était sérieusement engagé dans ces conflits, dont le* « *seul but était d'éteindre telle influence, de contrecarrer telle autre, de* « *faire arriver aux affaires certaines nuances de l'opposition plus préoc-* « *cupées de stratégie que de politique, d'intérêts privés que d'intérêts* « *généraux, et dont les membres auraient été fort en peine d'indiquer les* « *idées dont ils pouvaient être l'expression.*

« Passons rapidement, pour ne pas nous heurter à de douloureux sou- « venirs, sur ces faiblesses de grands esprits, bien moins dominés d'ailleurs « par leurs passions propres que *par celles dont ils subissaient l'empire, et* « *presque toujours mieux inspirés que les amis qui venaient, pour prix de* « *leurs services, imposer à ceux-ci leurs colères, à ceux-là leurs exi-* « *gences.* »

autres à se laisser aveugler et dominer par des intérêts
particuliers et par certaines manières de voir étroites et
exclusives; elles ne concilient pas d'une manière heureuse les tendances opposées; bien loin de là, elles ne
sont ni assez conservatrices ni assez novatrices. « En
« dépit d'elle-même, la bourgeoisie est républicaine,
« républicaine avec une énorme défiance de tout ce qui
« est démocratie », dit M. Louis Blanc. Le mot « républi-
« caine » est un terme beaucoup trop précis; mais, à
part cela, ces lignes nous paraissent signaler avec beaucoup de justesse le côté faible des classes moyennes;
elles ont des tendances novatrices et des intérêts conservateurs; elles applaudissent aux doctrines des réformateurs, mais elles en redoutent une trop large application;
cependant, à ceux qui veulent aller plus loin qu'elles ne
voudraient, elles ne savent guères opposer que des considérations de mesure, d'opportunité, d'intérêts, etc., etc.
Au fond, le véritable sens conservateur leur manque.
Tout animées encore du souffle qui pousse le peuple à
s'élever, elles comprennent mal ou n'écoutent pas les
hommes d'État, même ceux qui s'identifient le mieux avec
elles lorsqu'ils invoquent les principes conservateurs. (On
peut citer comme exemple la pairie héréditaire abolie
malgré les hommes d'État les plus éminents de 1830.)
Mais inévitablement des principes que l'on ne peut invo-
quer avec succès tombent bientôt dans l'oubli, et il en résulte que le sens politique d'un peuple s'égare. Si l'on ne
défendait la monarchie qu'en disant que l'on peut avoir
une monarchie républicaine, que les esprits ne sont ni
assez calmes, ni assez mûrs pour que l'on rende élective
la première magistrature de l'État . . . . , ne per-
drait-on pas bientôt de vue les avantages inhérents au
système monarchique? On trouve des exemples frappants
de cet obscurcissement du sens conservateur. Par exemple,
en 1830, un trône venait d'être renversé au cri de : « Vive

la Charte ! » Ce qu'on eût pu faire de plus heureux eût incontestablement été de transformer dans les esprits cette charte en une sorte de palladium dominant les gouvernements et les caprices de l'opinion. Certes, l'impatience révolutionnaire était grande ; d'autre part, on voulait quelques réformes profondes il est vrai, mais toutefois peu nombreuses, et, comme on parvint à peu près à s'en tenir là, on aurait pu atténuer l'importance des changements, et, peut-être même, avec quelque habileté, parvenir à n'y laisser rien paraître de trop contraire à l'esprit fondamental de la Charte. Bien loin de là, on sembla prendre à tâche de donner à cette charte modifiée tout le caractère d'une nouveauté. On fit tout le bruit que l'on put autour de la distinction entre *octroyée* et *acceptée*. « Cette proposition, « déclarait M. Dupin aîné, rapporteur du comité de révi-« sion, a pour objet d'*asseoir et de fonder un établisse-« ment nouveau ;* nouveau quant à la personne appelée et « surtout quant au mode de vocation. Ici la loi constitu-« tionnelle n'est pas un octroi du pouvoir qui croit se des-« saisir ; c'est tout le contraire : c'est une nation en pleine « possession de ses droits, qui dit, avec autant de dignité « que d'indépendance, au noble prince auquel il s'agit de « déférer la couronne : A ces conditions, écrites dans la « loi, voulez-vous régner sur nous? » Stérile distinction ! Louis XVIII était mort ; Charles X, en montant sur le trône, avait accepté la Charte octroyée *à toujours* par son frère, et c'était en quelque sorte pour l'avoir violée qu'il avait été renversé. Cette Charte était donc une propriété inaliénable léguée par le passé. A quoi bon venir proclamer devant une génération révolutionnaire qu'elle ne tient rien du passé, et qu'elle est au-dessus des constitutions qu'il lui a léguées.

En somme, la perfection ne réside dans aucune partie de la société, et il ne faut pas s'attendre à la trouver dans la classe moyenne plus qu'ailleurs. Ce n'est qu'entraîné par une spécieuse analogie que l'on peut se figurer que les classes moyennes sont la vivante expression du juste milieu. Ces classes, comme toutes les autres, ont des défauts qui leur sont propres. Ce n'est que lorsque les deux extrêmes sont convenablement mis en présence qu'il y a lieu d'espérer que cette opinion du juste-milieu se formera et prédominera. L'important est donc que deux points fixes, correspondant aux principes d'innovation et de conservation, soient établis, et établis de telle sorte qu'il soit aussi difficile que possible que les gouvernants puissent perdre de vue l'un ou l'autre d'entre eux. Alors ce qui a lieu en Angleterre se passerait probablement chez nous ; il est à croire que les classes moyennes auraient la prépondérance ; mais il n'y aurait, croyons-nous, qu'à se féliciter de ce résultat, du moment qu'il existerait des moyens efficaces de les préserver de leurs propres écarts.

Si l'on veut bien faire attention à ce que nous venons de dire et à la note sur les États-Unis qui se trouve à la fin de cette étude, nous pensons que l'on admettra, comme nous le faisons nous-même, que c'est au principe héréditaire et non au principe électif qu'il faudrait demander les moyens de constituer le pouvoir conservateur.

Il faut bien se dire, en outre, que, bien que l'influence des élus soit plus apparente, et que notamment quand il s'agit d'un fait particulier elle soit très-réelle, les électeurs, par la pression constante qu'ils exercent, finissent par réagir sur le corps électif bien plus que celui-ci ne réagit sur eux. En effet, l'on n'a guère de chances d'être nommé ou réélu qu'en se mettant et en se maintenant au point de vue des électeurs. Par conséquent, nous devons abandonner en principe l'idée d'une chambre élective bien foncièrement et bien certainement conservatrice (1). Un

(1) Nous aurons l'occasion de revenir sur le système électoral à plusieurs degrés. Un des défauts de ce système, c'est que chaque degré amenant

corps électoral aussi restreint que le pays légal du régime
de Juillet ne nous la donnerait pas (1). Ce que nous avons
à demander au principe électif, c'est avant tout un parlement qui représentera, avec autant de vérité que possible,
les vœux, les besoins, les aspirations, sinon de tout le pays
absolument, du moins de la plus grande partie possible du
pays. Nous contenterons-nous d'agrandir le pays légal ?
Assurerons-nous pleine et entière satisfaction aux classes
pour lesquelles il s'agit du plus ou du moins d'aisance et
repousserons-nous celles pour lesquelles il s'agit de la misère ? Appellerons-nous dans les comices ceux qui parlent
de réformes en amateurs, qui voudront en accomplir conformément à d'étroites interprétations ? et ferons-nous taire
ceux qui en désirent avec l'ardeur de l'indigence ? Nous

l'élimination d'une nouvelle minorité, le parti qui, au premier degré, n'avait
qu'une infime majorité, pourrra très-facilement au dernier degré avoir la
presque unanimité.

(1) Il n'y a pas à confondre une majorité de satisfaits avec une véritable
majorité conservatrice ; une majorité de satisfaits à qui le sens conservateur manque est plutôt un danger.

Le défaut d'une partie de la noblesse est, comme on sait, de se vanter
de ses ancêtres. Un défaut tout contraire prédominerait aisément dans une
partie de la bourgeoisie. On s'y vante parfois plus que de raison d'être fils
de ses œuvres. On oublie que la prospérité dont on jouit a eu assez souvent
pour principe, moins le mérite que l'on peut avoir d'ailleurs que l'intervention de quelques circonstances favorables et tout aléatoires, telles que
secours d'un capital ami, appui trouvé dans quelque parent, etc., etc., etc.
Cette tendance est d'autant plus dangereuse que l'on se fait illusion de
bonne foi. Alors on acclame hautement les principes révolutionnaires, mais
on ajoute : « Ils sont mis en pratique autant que possible, » et l'on dit :
« Voyez notre exemple, la porte est largement ouverte à tous. » Tout cela
est-il bien exact ? d'ailleurs peut-on cependant contester qu'il n'y ait une
certaine divergence entre les faits et certains principes mis en avant sous
la Révolution. « Dans un pays où la richesse et la population croissent
« rapidement comme en Amérique ou en Australie, observe Stuart Mill, la
« condition normale de l'ouvrier est de commencer comme salarié, puis
« de travailler pour son compte et, enfin d'employer des ouvriers ; mais
« dans un vieux pays complétement peuplé, ceux qui naissent salariés
« vivent et meurent ordinairement salariés, ou descendent à la condition

nous préparerions ainsi le sinistre avenir que prédisait
Proud'hon en 1848. « Quand l'abomination de la déso-
« lation sera par toute la France ;

« Oh ! alors vous saurez ce que c'est qu'une révolution
« provoquée par des avocats, accomplie par des artistes,
« conduite par des romanciers et des poètes. »

Il est vrai qu'avec le suffrage universel, les classes
moyennes et les hautes classes sont comme noyées dans
un corps électoral aussi considérable, mais oublierons-
nous que, par la force des choses, ce sera à ces classes
qu'appartiendra toujours la presque totalité des candidats
et des élus. Si ceux-ci peuvent ne voir et ne consulter que
leur classe et les classes avoisinantes, les plus funestes
aveuglements seront à craindre de la part de l'Assemblée.

« encore inférieure d'objets de la charité publique. — Sur 36 millions
« d'âmes qui composent le peuple français, 10 million au moins, dit
« Proudhon, appartiennent à la classe salariée, à laquelle la concurrence
« est interdite et n'ont de lutte qu'entre eux pour leur maigre salaire. » On
ne peut nier ni que le capital ne constitue un privilège, ni que la voie
qui mène à le posséder ne soit assez étroite. Mais un homme qui aura passé
commodément sa vie derrière son comptoir laissera à ses enfants la plus
brillante position, et un autre qui aura sacrifié toute sa vie, compromis sa
fortune pour le bien public, ne leur léguera que la misère. Ceci est l'absurde,
et l'on y restera si l'on n'admet le principe conservateur qui porte qu'il est
juste que dans une certaine limite les enfants bénéficient de l'œuvre de
leurs parents.

La seule lutte féconde est celle de principes élevés se fondant, les uns sur
le désir d'améliorer et de rendre plus juste ce qui est, les autres sur la
connaissance des mobiles de l'activité humaine et des raisons d'être de qui
est. Au contraire, la lutte soutenue au nom des mêmes principes n'est
bientôt plus qu'une lutte d'intérêt, terre à terre, acharnée, égoïste et stérile.

Le principe que le mérite personnel doit passer avant tout, qu'il doit être
exclusivement et toujours recherché et préféré, et pris partout où on le
découvre, sans qu'il soit tenu aucun compte de l'obscurité ou de la distinction des parents, doit incontestablement prédominer : autrement une
nation tomberait bientôt dans l'atrophie; mais si, à côté de cela, des principes conservateurs tels que celui que nous citions tout à l'heure, au lieu
d'être simplement contenus dans de justes limites, étaient jetés dans l'oubli,
l'abaissement et le désordre seraient imminents.

Il faut au contraire que ces hommes politiques soient obligés de sortir de leur milieu, de se mettre en contact avec les masses populaires, d'en étudier les vœux, les besoins, les maux réels, souvent plus dignes d'intérêt et plus graves pour la nation que ceux dont se plaignent les classes plus élevées.

Alors la plus grande partie du moins des données nécessaires à l'étude des questions seront représentées et comme vivantes au sein de l'Assemblée, les points de vue les plus divers seront mis au jour, les tendances les plus différentes mises en quelque sorte en contact journalier, réagiront les unes sur les autres. On conçoit alors que la lumière puisse se faire et que les questions puissent être traitées comme elles doivent l'être pour le bien de l'État. Mais irez-vous demander une opinion bien éclairée (1) à des gens qui vivent calfeutrés dans une petite partie d'un grand pays? Bien plus: attendrez-vous une telle opinion de gens vivant chacun dans leur coin, dans un milieu

(1) Nous admettons que, pour quelques-uns, dans les classes indigentes, *gouvernement du peuple* voudra dire par exemple « pain à bon marché »; mais, en 1814, des personnes, appartenant aux classes les plus élevées, ne s'imaginaient-elles pas que *Restauration* pouvait vouloir dire *retour à l'ancien régime* ? Éclairées peut-être à d'autres égards, au point de vue politique, leur défaut de lumières était manifeste. Nous avons déjà eu occasion de montrer à quelles illusions les classes moyennes étaient sujettes. Enfin, pense-t-on qu'un homme si intelligent qu'il soit, mais qui ne se sera guère occupé que de physique ou de chimie, ait les lumières nécessaires pour avoir des vues saines sur la politique ? Un historien sera peut-être mieux armé ; cependant dans quelles erreurs ne tombera-t-il pas s'il juge trop absolument du présent par le passé ?

La politique touche de très-près à tous les intérêts privés. Aussi tout le monde en parle, tout le monde s'en occupe ; mais on ne l'en étudie pas davantage, elle requiert cependant une certaine étude, beaucoup d'observation, et surtout, ce qui est le plus difficile, elle exige que l'on sorte de son milieu. Au contraire, que se passe-t-il en général ? Votre condition vous place à certains points de vue qui vous ouvrent certains aperçus et qui ne vous en laissent pas voir beaucoup d'autres. C'est de là cependant que vous voyez et que vous jugez à peu près toutes choses. Vous contrôlez vos

d'amis soumis à l'influence des mêmes conditions d'existence, et par conséquent envisageant les choses aux mêmes points de vue qu'eux-mêmes ? Mais, c'est tout au plus si ces personnes, en les supposant lettrées ou même instruites à divers points de vue spéciaux, connaîtront quelques-uns des côtés de la plupart des questions. Vous dites que le bulletin de ce pauvre ignorant ne peut avoir la même valeur que celui de M. X, mais combien de fois le premier bulletin sera-t-il l'expression d'un besoin réel, tandis que M. X aura voté pour soutenir quelque théorie faite au coin du feu ? Qu'on ne demande donc pas aux électeurs de résoudre les problèmes, car, en général, ils ne le pourraient pas ; qu'on leur demande seulement de faire connaître ce qu'ils connaissent bien, c'est-à-dire leurs besoins et leurs aspirations.

Nous pensons donc que les plus fortes raisons militent en faveur du maintien du suffrage universel. Nous ne pouvons pas condamner un système avec lequel nous

idées par celles de gens qui vivent dans le même milieu que vous ou dans des milieux avoisinants ; enfin, vous avez des relations d'affaires, telles que celle d'ouvrier à patron, etc., etc., ou bien aussi des rapports qui, si chers qu'ils puissent être, sont presque toujours rendus plus rares par des professions très-différentes. Mais cela suffit-il ? Les quelques vues contradictoires que nous pouvons saisir au passage dans des milieux presque étrangers, peuvent-elles contrebalancer l'influence de ces conversations, de ces rapports de camarades et d'égaux, qui sont en quelque sorte l'air que nous respirons. Nous traitons dédaigneusement d'absurde le journal qui pense autrement que nous quand, par hasard, nous le lisons, et la seule contradiction que nous connaissions bien est celle de gens qui, dans le fond, pensent comme nous. Par suite, c'est presque toujours un peu exclusivement au point de vue de notre classe que, sans nous l'avouer, nous jugeons des choses, et toute la politique de plus d'un se résume dans un désir parfois presque inconscient d'assurer la prépondérance aux classes auxquelles ils appartiennent. Cependant, une opinion conforme à l'intérêt national doit surtout se fonder sur la connaissance des divers éléments constitutifs de la nation, sur une appréciation juste de leur importance respective, et des rapports de conformité qu'il peut y avoir entre les diverses tendances et l'intérêt du pays.

avons, sous le second empire, passé dix-huit ans sans
qu'un coup de fusil ait été tiré dans les rues.

La Chambre étant ainsi issue du suffrage universel, on
peut dire qu'une grande partie des matériaux nécessaires
à l'étude est rassemblée ; mais tout n'est pas dit pour
cela : l'incendie peut en sortir aussi bien que le navire
qui doit nous conduire au port. S'il n'y a pas en dehors
de l'Assemblée un pouvoir capable de rappeler aux électeurs qu'il y aurait danger à dépasser certaines limites,
et qu'à côté des choses que l'on désire il y a des principes que l'on ne saurait impunément perdre de vue, ce
ne seront pas les candidats qui pourront le faire. Si les
élus obligés de s'engager hautement envers des idées de
réforme n'ont pas eu à prendre, implicitement du moins,
quelque engagement envers quelques principes conservateurs, si modérés qu'ils puissent être personnellement,
ils sont dans une position fausse pour s'opposer aux
exagérations, et ils ne retrouvent de la force que lorsque
des désordres ont eu lieu et que le mal a été fait. D'autre
part, si l'Assemblée est le seul pouvoir existant, à moins
de circonstances exceptionnelles, rien ne sera plus facile
pour la majorité que de brusquer les choses dès les premières séances, et que de décréter le but à atteindre
sans souffrir que préalablement les voies et moyens
soient discutés. Ce fut ce qui arriva à la Convention
qui, après avoir précipitamment proclamé la République,
demeura impuissante à l'organiser. Ce fut aussi le cas
de la Constituante de 1848, qui ne laissa après elle que
des institutions républicaines non viables.

II

Les électeurs du suffrage universel se partagent en
deux grands groupes que distinguent des nuances assez
tranchées, et même quelques véritables différences. L'un
d'eux est formé par les campagnards et, par conséquent,
dans son infiniment plus grande partie, par les paysans ;
l'autre est formé par les habitants des villes : les petits
commerçants et les ouvriers en constituent la grande
majorité. Comme on voit, avec ce système, les classes
riches et les classes lettrées et instruites sont perdues
dans une foule immense. Nous avons déjà eu l'occasion,
en divers endroits, de dire pourquoi nous n'y voyons
pas d'inconvénient. En réalité, il n'y a pas plus de classes
éclairées en politique qu'il n'y a de classes savantes en
géométrie ou en histoire.

Le groupe campagnard a été l'objet des critiques les
moins ménagées. Sa constance à soutenir le gouvernement impérial lui avait notamment valu les sarcasmes
de l'opposition. On disait et on écrivait couramment
comme si l'on eût cité un axiome : *les masses inéclairées
des campagnes, les populations éclairées des villes.* Nous
ne pensons pas qu'un jugement calme puisse ratifier
cette double appréciation, et nous doutons même qu'aujourd'hui il se trouve beaucoup de monde pour soutenir
qu'en septembre 1870 on n'eût pas mieux fait de se
guider sur les votes des campagnes que d'agir conformément à l'inspiration des grandes villes.

Nous devons, avant tout, faire attention à ce fait qui,

si évident qu'il soit, est souvent perdu de vue : qu'en général chacun juge des choses en les rapportant aux points de vue que lui crée sa situation privée ; par suite, les jugements de chacun dépendent beaucoup des conditions au milieu desquelles il vit. Or, le paysan a devant lui un livre clair, l'ouvrier et le petit boutiquier des grandes villes n'ont sous les yeux qu'un grimoire. Dans nos grandes villes, telles que Paris, Lyon, etc., une quantité de fortunes se font et se défont avec une rapidité extraordinaire. Les causes de ces fortunes et de ces désastres sont extrêmement multiples, souvent insaisissables. Ce qui frappe dans ces villes, c'est le spectacle des vastes opérations du grand commerce, de l'agiotage et d'industries qui, comparées à l'agriculture, n'ont que des débouchés très-aléatoires ; par suite, les gains doivent y être proportionnés aux risques. Cependant quelquefois, pendant de longues années consécutives, telle ou telle de ces industries continue de prospérer, et alors les salaires de l'ouvrier paraissent bien minimes, comparés aux gains du patron. Les mauvais jours arrivent : l'un qui s'est enrichi avec une extrême rapidité a sa fortune faite, les autres se trouvent sans pain, parce que le travail ne marche pas. Certes, il y a là un problème bien grave à résoudre. « Le sala-« riat fixe, produit d'une convention librement débattue « et consentie, est inattaquable. » Soit ; cependant on ne peut nier que, passé une certaine limite, les bénéfices ne puissent être trouvés éxagérés. Consultons-nous plutôt nous-mêmes, quand un marchand nous a vendu un objet beaucoup trop cher. Mais qui pourrait se flatter de calculer avec la moindre certitude les éventualités avec lesquelles plusieurs industries peuvent avoir à compter ? Pendant des années et des années, les élégantes porteront de la soie façonnée, puis, du jour au lendemain, la mode change, et l'on ne veut plus que de la soie unie. Plusieurs patrons se sont sincèrement préoccupés de chercher une répartition des fruits du travail, propre à satisfaire également les diverses parties intéressées. Les heureux résultats qu'ils ont parfois obtenus permettent d'espérer que le problème pourra être résolu. Cependant jusqu'ici une solution satisfaisante et suffisamment générale a-t-elle été trouvée ? Malheureusement non. Il y a certainement des patrons avides et égoïstes, mais il faut bien reconnaître aussi qu'il y a des torts du côté de l'ouvrier des villes et des fabriques. Avec lui, les rendez-vous de camarades tendent à se substituer au foyer de famille. Les occasions de dépenses se multiplient. Aussi est-il généralement moins prévoyant, moins bon ménager et beaucoup plus enclin à vivre au jour le jour que l'ouvrier des champs. Mais si le spectacle que présente l'industrie est si souvent décevant, s'il est plein de contrastes faits pour surexciter les imaginations, et si, au contraire, il ne laisse guère entrevoir de ces données simples et évidentes qui peuvent servir à éclairer et à affermir le raisonnement, que pourrons nous dire de l'agiotage ? Ici il suffit à un homme d'avoir quelques fonds devant lui pour s'enrichir en allant passer quelques heures par jour au centre de la cité.

Est-il donc si étonnant que les populations des villes, voyant l'argent rapporter autant, et le travail de l'ouvrier comparativement si peu et si difficilement, soient portées à voir dans le capital un privilége exagéré ; que, frappées de contrastes mal expliqués, elles ne voient dans la société qu'un chaos où l'ordre et la justice auraient besoin d'être établis ; que, faute de données positives, elles s'habituent à réfléchir suivant les caprices de leur imagination, et acceptent pour points de départ des idées chimériques (1).

____

(1) Nous avons dû nous renfermer dans quelques aperçus, mais que

Dans les campagnes, le capital c'est la terre ; sous cette forme il n'exige que des profits beaucoup moindres. D'ailleurs, le paysan sait ce que vaut la terre, ce qu'elle coûte d'entretien, ce qu'elle rapporte ; il sait à quelles éventualités la propriété terrienne est soumise. Il n'est pas rare de le voir prendre part à la gestion de la terre et suppléer le propriétaire pour diverses affaires. La variation des fortunes, en tant qu'elle dépend de la gestion des biens-fonds, s'explique pour lui avec clarté, et, bien qu'il n'ignore pas ce que sont les spéculations sur l'argent, les causes d'enrichissement ou de ruine qu'il connait avant tout sont l'ordre et l'économie. La fortune ne se présente donc plus ici, autant qu'à la ville, comme une capricieuse injuste trop souvent moins favorable à l'ordre, à la conduite et à l'économie qu'aux entreprises hasardeuses de l'agiotage. Elle a, par suite, plus de prestige ; elle a aussi plus de stabilité. Le contrat entre le travailleur et le propriétaire est réellement, de part et d'autre, fait en connaissance de cause. Dans les campagnes, c'est donc la raison éclairée par des données connues de tous les contractants qui juge de la valeur relative du bien-fonds et du travail, tandis que dans les villes, souvent, c'est et ce ne peut guère être que l'imagination et l'imagination égarée par les contrastes les plus saisissants.

En résumé, le paysan se rend assez bon compte de ce qu'il voit être autour de lui : il est vrai qu'en dehors de cela

d'autres causes aussi graves n'y aurait-il pas à signaler ? Il serait juste que la loi cherchât, autant que possible, à amener le mariage du séducteur avec la jeune fille mère. Notre loi proclame que la recherche de la paternité est interdite. Les effets de cette disposition s'atténuent dans les campagnes, où le voisin est surveillé par les voisins, mais dans les villes ils ne se montrent que trop souvent avec toute leur tristesse. Enfin que dire de la prostitution légale ? L'idée que la société abandonne délibérément au vice de malheureuses créatures est-elle faite pour la faire aimer et respecter ?

il ne sait et ne voit que peu de choses. Toutefois il ne faudrait point partir de là pour décréditer ses jugements, car, lorsqu'il juge les choses, assez souvent il se fonde sur des données positives qui sont parfois même d'une grande portée. Les grands mots : « exploitation de l'homme par l'homme. . . . . . », qui bouleversent les villes, ont beaucoup moins de prise sur lui, — « Parce qu'il ne comprend pas », disent les apologistes des populations urbaines. Ne serait-il pas pour le moins aussi juste de dire que ce sont plutôt les habitants des villes qui ignorent ou méconnaissent les raisons d'être de ce qui est? Mais, dira-t-on, les paysans ne peuvent suivre les événements : ils ne sont pas au courant des nouvelles; les citadins, au contraire, sont éclairés par la lecture des journaux, par les discussions qu'ils entendent autour d'eux. Notre réponse à cette objection est toute entière dans un livre intitulé *Les Clubs rouges pendant le siége de Paris*, par M. de Molinari, rédacteur du *Journal des Débats*. Que trouvons-nous dans ces réunions formées d'habitants de Paris? Des notions vagues et confuses à peu près sur toute espèce de choses, sur les sciences, sur l'art militaire, sur l'histoire. . . . . . , et, en définitive, des idées telles que peut les faire un pareil chaos de connaissances inexactes. Dans quelques-unes de ces réunions, il est vrai que des orateurs sensés et instruits peuvent se faire entendre, mais la conviction que laisse malgré cela la lecture de ce livre, c'est que la voix de la raison n'a guère de prise sur l'ensemble de ce public. Il peut y avoir de la ressource avec des hommes ignorants, mais possédant cependant quelques notions positives, parce qu'avec eux il y a des points de repaire. Mais comment amener à raisonner des esprits troublés par le miroitement de mille notions confuses ? Dira-t-on que ces clubs ne représentent pas l'opinion de Paris ? Mais qui la représente alors ? Sont-ce quelques clubs modérés comme celui que présidait M. Vrignault. Certes

l'opinion de ceux-ci a obtenu un succès (1), mais quand ?
Au lendemain de la Commune, lorsque le radicalisme
était tenu à la plus grande circonspection. On peut
ajouter à cela l'élection de M. Vautrain contre M. Victor
Hugo ; mais, d'ailleurs, les élections qui ont eu lieu avant,
comme celles qui ont eu lieu après, établissent que les
tendances d'une très-grande partie de la population pari-
sienne, qui devient facilement la majorité, sont bien plutôt
en harmonie avec celles du public des clubs rouges.

Avec des esprits ainsi disposés, on ne peut guère
suivre une ligne pratique. Le parti ultra-démocratique,
dont la clientèle est surtout dans les grandes villes, se
plaint plus que tout autre en général de la désertion des
hommes qu'il (2) a portés au pouvoir. Faut-il en conclure
que, moins soucieux de popularité que tous les autres, les
hommes de la démocratie se vouent de gaieté de cœur, soit
à la retraite, soit au rôle toujours ingrat de transfuges, ou
tout simplement, qu'il est bien difficile que des hommes,

(1) Le maintien du gouvernement de la Défense nationale, après le 31
octobre 1870, fut aussi une victoire des modérés. Mais dans cette circon-
stance, la question politique n'était pas la seule en jeu. D'ailleurs, il faut
remarquer que ce n'est guère que lorsqu'une réaction se produit que
l'opinion passe subitement d'un extrême à un autre ; quand, au contraire,
elle suit la tendance des esprits, elle passe, mais quelquefois avec une
extrême rapidité par à peu près toutes les nuances successives. Les élections démocratiques modérées qui eurent lieu à Paris, sous le second empire,
dès les premières années de ce régime, marquaient bien plutôt la pente des
esprits que des opinions arrêtées.

(2) « Ce qui a empêché la démocratie française de commander toujours
« le respect aux autres partis, c'est d'avoir créé trop de transfuges. Mais
« qui les a faits ces transfuges ? Est-ce, etc., etc., etc.; n'est-ce pas plutôt
« leur propre ambition ? » (Discours prononcé par M. Gambetta, le 22 avril
1873, à Belleville.) Il y a un avantage si évident à rester avec son parti et
à ne point passer dans un parti adverse, où l'on vous tiendra toujours
pour suspect, que nous ne pouvons admettre l'explication donnée par
M. Gambetta. Plus d'une expérience nous montre que le transfuge entraîne
bien rarement une armée avec lui, et qu'au contraire il perd bientôt toute
autorité.

qui sont aux prises avec la réalité, restent longtemps d'accord avec les masses populaires des grandes villes lorsqu'ils les gouvernent ?

Est-ce à dire qu'il n'y a aucun entraînement à craindre de la part du paysan ? S'il existait une classe ainsi partagée, le mieux que nous aurions à faire serait de la rendre toute puissante, et les rouages d'un gouvernement pourraient être fort simples ; mais le moindre examen nous montre le paysan plutôt routinier que conservateur, et aussi porté à être intéressé que l'ouvrier des villes est enclin à s'éprendre de doctrines socialistes. Certaines notions pratiques, un esprit calme, un jugement que ne vient pas troubler l'écho confus de mille discussions, le mettent à même de faire justice de certaines utopies, mais il n'est pas également bien armé contre toutes celles qui peuvent lui être présentées. Enfin, dans le fond, il y a en lui une certaine inclination pour le gouvernement populaire, inclination que d'habitude il domine par raison, mais qui existe et qui n'est pas sans avoir quelque influence sur lui. A ces divers points de vue, les soulèvements qui eurent lieu dans plusieurs départements après le coup d'État de 1851 ne laissent pas que d'avoir une signification De quelque manière, d'ailleurs, que l'on apprécie les circonstances, on ne peut nier que ces soulèvements n'aient été pour le moins tout autant des manifestations républicaines, ou républicaines et socialistes, que de simples protestations contre l'illégalité. Or, comment expliquer cette ardeur en faveur d'un régime qui n'a apporté que désordre, inquiétude et stagnation dans les affaires, si l'on n'admet l'existence de tendances favorables à cette forme de gouvernement ?

L'évolution graduelle qui a eu lieu sous le second empire est peut être encore plus significative. En 1863, il n'est encore question dans les campagnes que de quelques velléités de libéralisme ; mais les élections partielles qui ont lieu ensuite montrent que ces tendances ne font que s'affirmer de plus en plus. En 1869, sur soixante-seize anti officiels bien caractérisés, élus dans l'ensemble du pays, près de la moitié ont une nuance démocratique plus ou moins accentuée : les autres s'étaient présentés comme libéraux. Les campagnes ont contribué dans une assez notable mesure à ces élections libérales ou démocratiques. Certes, dans les campagnes, il ne s'agissait pas alors, comme dans quelques grandes villes, de renverser l'empire : il ne s'agissait que d'exercer une certaine pression. Toutefois, ces résultats si minimes qu'ils soient, auxquels on est arrivé progressivement, sont d'autant plus remarquables que nous sommes en présence de dix-huit années de prospérité, de cette paix intérieure, si chère aux paysans, et que, pour beaucoup, le libéralisme consiste presque uniquement à diminuer les pouvoirs des gouvernants pour accroître ceux des gouvernés : ce qui en fait une sorte de nuance atténuée de l'opinion démocratique. S'il ne s'était pas agi surtout de ce libéralisme, essentiellement et avant tout démocratique, les orléanistes auraient eu autant de titre à la faveur populaire que les démocrates ; mais, au contraire, le peu de succès des orléanistes en 1869 fut remarqué.

Il n'y a pas eu en France d'expérience du suffrage universel plus prolongée que celle qui a été faite sous le second empire, et nous reconnaissons que l'on peut nous dire : « Comment voulez-vous qu'une monarchie puisse « durer avec ces tendances démocratiques du suffrage « universel ? » Nous écarterons momentanément la question de savoir si une autre forme de gouvernement aurait plus de chances de durée. Nous pensons répondre d'une manière satisfaisante à ces deux questions, en nous demandant quelles sont les situations respectives du prolétariat des villes et des paysans le lendemain d'une révolution.

Le plus souvent, les révolutions se sont résumées pour

le peuple des campagnes en des temps fort rudes à passer,
sans compensation aucune. Il en a été autrement dans les
grandes villes. Au lendemain d'une révolution triom-
phante, le petit peuple des grandes villes, et surtout celui
de Paris, se trouve transformé en une aristocratie, maîtresse de la cité ; elle siége parfois dans les palais du gouvernement, et il n'est point d'adulations qui ne lui soient
adressées. Du jour au lendemain, des hommes obscurs,
quelquefois déclamateurs besogneux la veille, deviennent
des personnages. Ce sont là des satisfactions de nature à
faire oublier bien des maux. Enfin, que de brillants horizons tout cela n'ouvre-t-il pas à l'ardente imagination de
la jeunesse des villes? En temps de révolution, la vitalité
redouble dans les grandes villes. Surtout à Paris, les
masses populaires sentent le pouvoir en quelque sorte
immédiatement entre leurs mains. Tout au contraire, la
vie s'arrête dans les campagnes, les paysans se sentent
faibles et isolés dans leurs petites communes ; la veille,
ils obéissaient à un gouvernement régulier avec lequel on
était sûr du lendemain, et, tout à coup, ils se voient livrés
aux caprices des masses populaires d'une ville éloignée.
En définitive, tout se résume pour eux en un changement
de maître qui est loin d'être avantageux. Avec un gouvernement régulier comme l'empire, les campagnes ont des
moyens d'action très-puissants sur le gouvernement, mais
quelle est leur situation vis-à-vis d'une ville qui dispose
de ressources immenses et qui a si souvent usurpé le droit
de parler (1) et d'agir au nom du peuple tout entier ?

(1) Nous rappellerons ici le 16ᵉ bulletin de la République de 1848. Ce
bulletin, attribué à M. Ledru-Rollin, fut désavoué par lui et par le gouvernement provisoire. Il contenait en substance que « Paris se regardait avec
raison comme le mandataire de toute la population du territoire national »,
qu'il était le poste avancé de l'armée républicaine, et que, si les élections
n'étaient pas faites dans ce sens-là, il pourrait bien ne pas les ratifier. Un
pareil langage n'était pas soutenable ; mais, il faut bien le reconnaître, des

Tout cela, les paysans le savent fort bien, et leurs tendances gouvernementales ont été remarquées par tout le monde. En général, ils ne pousseront donc pas, de propos délibéré, au renversement du gouvernement établi, ou du moins faudrait-il que ce gouvernement leur fût bien profondément antipathique. Au contraire, c'est la perspective d'une révolution qui peut surtout les faire réfléchir et les retenir sur une pente dangereuse, mais il n'y a pas à leur demander de démêler les nuances assez souvent subtiles en théories, quoique importantes dans la pratique, qui différencient une république moins démocratique d'une république plus démocratique. Si l'action du gouvernement vient à s'exercer dans le sens d'une inclination qui leur est naturelle, à moins que la turbulence des villes ne provoque à temps une réaction, il n'y a pas à douter que l'on n'arrive bientôt à la démocratie absolue, par conséquent à l'anarchie et au règne des factions. Si le gouvernement du pays par le peuple est proclamé en principe, toutes les mesures, toutes les idées, fondées sur l'expérience du passé, seront représentées comme monarchiques, tous les partisans de ces mesures et de ces idées comme des meneurs conspirant au renversement de la République pour établir la monarchie. Ni les paysans, ni aucune classe ne seront jamais assez éclairés pour nous garantir contre de pareils dangers. M. de Witt, dans ses remarquables études sur Washington et Jefferson, rappelle les inquiétudes que jeta parmi nos beaux esprits révolutionnaires la constitution américaine de 89. Il en cite quelques-uns, et il fait remarquer que les parties de la constitution qu'ils attaquaient étaient peut-être celles qui paraissaient les plus sages à Washington.

---

théories bien voisines, et presque seulement présentées à mots plus couverts, ont été mises en avant et défendues ; il était parfaitement conforme à l'esprit ultra-démocratique, et il est en harmonie avec nombre de faits de notre histoire révolutionnaire.

Nous avons écrit le mot de *République* sur notre drapeau, qu'en est-il résulté ? « Les élections partielles du 27 avril sont significatives », dit le journal *le Temps* du 30 du même mois. Et, après avoir montré les républicains obtenant 720,000 voix contre 130,000 seulement données aux monarchistes, il ajoute : « Si maintenant on cherche à « répartir entre les différentes nuances du parti répu- « blicain les suffrages obtenus par tous ses candidats, « après en avoir déduit environ 100,000 voix, qui sem- « blent plutôt appartenir aux nuances douteuses du « centre droit, on voit que les 620,000 autres voix « peuvent approximativement se décomposer ainsi : « 270,000 radicaux, 250,000 républicains de la gauche « modérée et 90,000 du centre gauche. » 90,000 voix, voilà l'appoint de ce centre gauche avec lequel on par-lait de gouverner la France ! Enfin, 340,000 républicains plus ou moins modérés, contre 270,000 radicaux qui ont avec eux cette démagogie des villes qui prend si volontiers les initiatives les plus hardies, et qui, en raison de l'agglomération de leurs forces, exercent si facilement la prépondérance (1) !

Comme on le voit, le suffrage universel, utile et presque sans danger avec un gouvernement monarchique, devient fatalement funeste, s'il n'y a, dans le gouvernement, un principe fort, rappelant sans cesse, par son existence même, aux populations qu'elles ne peuvent

---

(1) Paris et les Bouches-du-Rhône ayant pris part à ces élections, l'appoint radical se trouve certainement exagéré. Toutefois, il faut remarquer que diverses autres élections partielles, auxquelles d'autres éléments ont concouru, ont donné des résultats assez en harmonie avec ceux-ci pour que l'on puisse considérer les proportions données par le scrutin du 27 avril comme propres à donner une idée seulement exagérée de l'entraînement de l'opinion dans l'ensemble du pays. Avant les élections du 27 avril, on avait déjà pu remarquer que les nuances les plus accentuées tendaient à l'emporter.

ni tout tenter, ni tout faire sans le briser, et sans provoquer les désordres d'une révolution.

Aux États-Unis d'Amérique, il y a les droits des
États. La majorité de la population sait fort bien qu'il
lui faut compter avec la majorité des États. Quelques
personnes, en France, semblent inclinées à croire qu'on
n'aurait qu'à le vouloir pour transformer nos départements en États. Nous n'entrerons pas ici dans les dé-
tails qui se trouvent à la fin de ce travail dans la note
sur les États-Unis. Nous rappellerons seulement que les
départements ont été créés pour détruire le patriotisme
local, et qu'ils ont répondu à cette attente. Il n'y a pas
de patriotisme départemental. Or, c'est sur l'existence
d'un esprit provincial très-développé que se fonde le jeu
de cette partie importante des institutions américaines
que l'on voudrait imiter. Il nous faudrait alors rétablir
les anciennes provinces! Ainsi, quand l'Allemagne, après
avoir éprouvé par elle-même quelle source de faiblesse
et de divisions intestines pouvait être le fédéralisme,
vient de se rapprocher du système unitaire, nous, de
propos délibéré, nous saperions chez nous cette unité,
qui jusqu'ici avait fait notre force ! Cela ne se peut.
Quiconque considère la France, la diversité de ses pro-
ductions et de son climat, sa situation entre de puissants
voisins, ses côtes que baignent d'un côté l'Océan, de
l'autre la Méditerranée, ne peut s'empêcher de penser
que le fédéralisme serait pour elle le plus grand des
dangers.

Pouvons-nous chercher ce principe de contrôle dans
une aristocratie ? Evidemment non. L'opinion est telle-
ment montée contre toute institution de ce genre, qu'une
institution aristocratique, quelle qu'elle fût, ne servirait
qu'à amener la formation d'une immense majorité anti-
gouvernementale. On ne peut songer à la création d'une
pairie héréditaire. Où, d'ailleurs, trouverait-on les élé-

ments de cette pairie républicaine? On ne peut pas davantage songer à un corps électoral restreint, fonctionnant concurremment avec le suffrage universel, dont les électeurs devraient leurs pouvoirs, en définitive, plus grands que ceux d'un citoyen ordinaire, à des avantages obscurs ou contestables, tels que seraient, par exemple, la possession d'une certaine fortune. Des défauts analogues à ceux qui se trouvaient dans le pays légal se trouveraient dans une aristocratie de ce genre, et, par conséquent, elle ne serait pas une garantie sérieuse, au point de vue de la défense des véritables principes conservateurs; d'autre part, elle froisserait les susceptibilités démocratiques autant qu'une pairie organisée, comme en Angleterre.

Nous n'insisterons pas davantage sur des combinaisons que tout le monde s'accorde soit à repousser purement et simplement, soit à déclarer impraticables en France. Comme dans divers passages nous avons eu l'occasion de signaler le peu de garantie que présente ce qu'on entend généralement par l'instruction, au point de vue du sens politique, et de rappeler quelles sont les véritables sources de l'esprit conservateur, nous ne parlerons donc d'une aristocratie du savoir que pour dire qu'il s'agit pour nous de créer un pouvoir conservateur, et qu'un corps électoral, où pourraient dominer les idéologues, pourrait être justement le contraire.

Avec des élections à deux degrés, une faible majorité peut facilement devenir la presque unanimité; d'autre part, après l'élimination du premier degré, le corps électoral devient assez restreint pour que l'on puisse craindre que l'esprit de coterie ne vienne se substituer à l'esprit politique.

Aux États-Unis, le sénat pourrait opposer, avec certitude d'être compris, les droits et les traditions des États aux entraînements de la foule; mais dans un pays

unitaire comme le nôtre, où il n'y a pas d'esprit départemental, et que parcourent à peu de chose près, dans sa
totalité, les mêmes courants d'opinion, une combinaison
de ce genre ne serait qu'une fausse application.

Des mandats à longue durée, à côté de mandats plus
courts ? Mais en France, rien n'est moins capable de
contrôler avec autorité l'idée du jour que l'idée démodée
de la veille. Nous arrivons maintenant aux projets
constitutionnels présentés par le gouvernement de
M. Thiers.

« Art. 4. — Chacun des quatre-vingt-six départe-
« ments de la France nomme trois sénateurs ; le territoire
« de Belfort, les départements de l'Algérie, les îles de la
« Réunion, de la Martinique et de la Guadeloupe en nom-
« ment chacun un. L'élection est faite par le suffrage
« direct de tous les électeurs du département, du terri-
« toire ou de la colonie, et au scrutin de liste pour les
« départements de la France.

« Art. 5. — Ne peuvent être élus aux fonctions de
« sénateurs que : 1° les membres de la chambre des
« représentants ; 2° les anciens membres des assemblées
« législatives ; 3° les ministres et anciens ministres ;
« 4° les membres du conseil d'État, de la cour de cas-
« sation et de la cour des comptes ; 5° les présidents et
« anciens présidents des conseils généraux ; 6° les
« membres de l'Institut ; 7° les membres nommés du
« conseil supérieur du commerce, de l'agriculture et de
« l'industrie ; 8° les cardinaux, archevêques et évêques ;
« 9° les présidents des deux consistoires de la confes-
« sion d'Augsbourg qui comptent le plus grand nombre
« d'électeurs, et des douze consistoires de la religion
« réformée qui comptaient le plus grand nombre d'élec-
« teurs ; 10° le président et le grand rabbin du consis-
« toire central des israélites de France ; 11° les maré-
« chaux et généraux de division, les amiraux et vice-

« amiraux en activité de service ou dans le cadre de
« réserve, les gouverneurs de l'Algérie et des trois
« grandes colonies, ayant exercé ces fonctions pendant
« cinq ans; 12° les préfets en activité de service;
« 13° les maires des villes au-dessus de cent mille âmes;
« 14° les fonctionnaires qui ont rempli pendant dix
« ans les fonctions de directeurs dans les administra-
« tions centrales des ministères; 15° les magistrats en
« retraite qui ont appartenu à la cour de cassation, aux
« cours d'appel ou qui ont rempli les fonctions de pré-
« sident d'un tribunal civil. »

Nous signalions plus haut que ce ne sont guère ni les
candidats, ni même les élus qui peuvent réagir bien fortement sur le corps électoral, et que c'est bien plutôt le
corps électoral qui peut puissamment influer sur eux.
Nous rappellions également que si, en 89, il n'y avait eu
d'éligibles que des privilégiés, Mirabeau, Hérault de
Sechelles, Barras, et plusieurs révolutionnaires notables
auraient pu être nommés. Nous convenions toutefois
qu'une telle mesure aurait pu avoir une certaine influence.
Mais qu'à quelques petites castes fortement constituées
on substitue des hommes sortis de tous les rangs de la
société, et arrivés souvent sous des auspices tout différents ! les choses, il faut le reconnaître, seront bien profondément changées, et il n'y aura plus la moindre garantie conservatrice.

A un autre point de vue, les deux chambres représentent le suffrage universel ; c'est lui qui les élit, c'est
aussi de lui qu'en principe dérivent leurs pouvoirs ; or,
à ce point de vue, quelle autorité aurait le sénat à côté
de sa sœur librement élue ?

Appeler les ex-membres d'anciennes assemblees? C'est
bien, dans une certaine limite, appeler *hier* à contrôler
aujourd'hui. Or, surtout dans les circonstances actuelles,
ce ne peut être qu'un principe de faiblesse; et, d'autre

part, vous avez fait partie de la Chambre, que ne vous y êtes-vous représenté ? Est-ce à cause de l'expérience que vous aviez ? ou bien n'est-ce pas tout simplement que là où la concurrence était libre vous auriez échoué ?

Appeler les généraux, les préfets, les directeurs de ministères, les présidents de conseils généraux, c'est amener la politique à intervenir dans toutes les nominations aux places conférant l'éligibilité : c'est peut-être même en provoquer l'intervention dans l'exercice de ces fonctions.

Enfin, il rentre dans la mission du Parlement de surveiller et de contrôler toutes les personnes qui ont entre les mains une partie quelconque de l'autorité ou de la force publique. Il peut être utile de laisser arriver quelques fonctionnaires dans le Parlement, mais nous ne pouvons voir que des inconvénients à leur y assurer un nombre de siéges considérable.

Ainsi, avec la forme républicaine, nous ne pouvons trouver, dans les éléments qui constituent notre pays, aucun principe de contrôle. Nous proclamerions la république que, semblables aux républicains de la Révolution, nous serions impuissants à l'organiser : les plus fortes raisons nous engagent donc à recourir à la forme monarchique. Le régime républicain qui a duré le plus longtemps en France est celui du Directoire, qui vécut un peu plus de quatre années à grands renforts de coups d'État et d'actes de violence. La république de 48 a duré un peu moins. L'organisation déjà puissante des sociétés secrètes, que vint surprendre le coup d'État, prouve que si ce régime n'avait pas été renversé par la Présidence, ce renversement, et selon toutes probabilités, l'anarchie, n'auraient pas tardé à être l'œuvre de la démagogie. Au contraire, en faisant abstraction des années du Consulat que nous ne nous croyons pas autorisé à compter à l'actif d'aucune des deux formes gouvernementales, le

premier Empire a duré dix ans, la Restauration quinze
ans, la monarchie de Juillet dix-huit ans, le second Empire dix-huit ans, et il faut remarquer que, sans la guerre
étrangère, les deux Empires auraient continué d'exister
beaucoup plus longtemps, sinon indéfiniment. Les faits
nous établissent donc que, jusqu'ici du moins, nous
avons toujours trouvé plus de stabilité avec la forme monarchique qu'avec la forme républicaine.

A quoi attribuer cela? On a dit, et avec raison, que la
révolution avait été double. Une des écoles révolutionnaires, représentée surtout par Turgot et par le résumé
des cahiers, demandait l'abolition de tous ceux des legs
du passé qui n'étaient plus que des vieilleries ; elle voulait des réformes profondes et nombreuses, toutefois elles
se gardait bien de poser en principe général la rupture
avec le passé. L'autre, s'inspirant avant tout de la haine
du passé, voulait en faire table rase ; par là même elle
rejetait l'expérience, ou du moins elle se condamnait à
en rechercher les leçons dans l'histoire plus ou moins
mal connue des peuples de l'antiquité : fatalement elle
devait vivre d'hypothèses. Devenue toute-puissante, elle
ne put qu'organiser le despotisme démagogique le plus
intolérable, et procéda en sacrifiant la génération con-
temporaine à la réalisation de chimériques utopies.

La monarchie limitée est restée le symbole populaire
de la première de ces écoles, la république est celui de la
seconde. Quand la foule est favorable aux idées monarchiques, elle est disposée à admettre toutes mesures fondées sur l'expérience; elle-même se guide sur des souvenirs et sur des traditions positives. Quand au contraire
elle accueille l'idée d'une république, un vague instinct
se répand parmi elle que les choses doivent être changées;
sans trop savoir comment cela se fera, elle se dit confu-
sément que les choses ne se passeront plus comme elles
se passaient. Cette disposition des esprits constitue par

elle-même la plus dangereuse des situations, d'autant plus dangereuse que le parti radical fait tout ce qu'il peut, et forcément fera toujours tout ce qu'il pourra pour répandre cette manière de voir.

« Proclamez donc la république », disait, le 12 mai 1873, le journal *la République française*, aux journaux *le Bien public* et *le Soir*, organes favorables à la politique de M. Thiers ; « mais ne croyez pas que tout sera fini
« après cet incommensurable effort? Qui l'a plus sou-
« vent dit et répété que vous? La république n'est pas
« une panacée ; elle ne nous guérira point de nos maux, si
« elle n'est qu'une apparence, qu'un mensonge. Il faut
« que la république soit une réalité ; et par là, il faut en-
« tendre que la république inaugurera dans ce pays une
« politique nouvelle avec des principes de gouvernement
« nouveaux, avec des vues nouvelles, avec des pratiques
« nouvelles et capables de nous refaire tout entiers comme
« citoyens et comme Français. Voilà la vraie tâche, la
« vraie difficulté; êtes-vous prêts à les aborder de front
« pour les résoudre? A cet égard, de sérieuses inquié-
« tudes peuvent subsister ; et c'est encore à vous qu'il
« appartient de les dissiper, en montrant enfin la résolu-
« tion, le sang-froid et le courage dont il semble à lire
« vos écrits, que vous soyez dépourvus ! » Peut-on penser cependant que tout ce qui est n'est que le fruit de combinaisons humaines, et que rien de ce qui existe n'a été fait ce qu'il est par la simple force des choses. Il nous semble cependant aussi difficile d'admettre que, pendant des siècles, un peuple ait pu vivre en complète contradiction avec son génie, avec son tempérament, que d'admettre qu'un homme aurait pu vivre des années au fond de la mer.

Nous avons vu plus haut que Washington pensait qu'une république était bien moins capable qu'une monarchie de supporter l'esprit de parti. En effet, la conséquence naturelle d'insti'utions républicaines démocratiques est d'amener au pouvoir aujourd'hui vous, plus tard moi, c'est-à-dire, rigoureusement selon les caprices de l'opinion, aujourd'hui un parti, plus tard un autre. Or, comment une république durera-t-elle, s'il y a des partis déterminés à la détruire, soit pour rétablir la monarchie, soit pour inaugurer une autre forme républicaine? Vous ne pouvez pas faire que du jour au lendemain il n'y ait plus de monarchistes en France. Vous ne pouvez pas non plus empêcher qu'il n'y ait des radicaux, et vous ne pouvez pas empêcher non plus que si vous établissez une république modérée, ceux-ci ne soient bientôt, par suite d'un entraînement invincible, maîtres de toutes les avenues du pouvoir. C'est là ce qu'ils savent bien ; l'important pour eux est que tous les pouvoirs soient définitivement reudus électifs. Mais, il faut bien se le rappeler, c'est là pour eux un moyen d'arriver plutôt qu'un but. « Ce qu'était la république dans cette « conception résignée », dit le *Corsaire* du 1er juin 1873, « les projets déposés par M. Dufaure nous l'ont appris. « Hélas ! cela n'avait rien de commun ni avec la démo- « cratie, ni avec la justice telle que la Révolution nous » en a donné la notion et la formule. »

« Mais, enfin, c'était la république proclamée, le pou- « voir mis à l'abri d'un coup de main, l'avenir réservé « pour des institutions meilleures. » Quelques personnes peuvent penser : mais enfin ce n'est pas la fin du monde que veulent ces radicaux ? Qu'on leur donne les institutions auxquelles ils tiennent tant, et alors nous aurons de la stabilité. Ce que veulent les radicaux, c'est autre chose que ce qui est ; mais, en dehors de cela, qui pourrait le dire ? On admettra bien qu'il y ait quelque parenté entre le radicalisme et le communalisme. Or, voici comment, le 25 avril 1871, le journal *La Commune*, organe communaliste, jugeait le gouvernement de son choix : « A peine

« échappé aux griffes des avocats, Paris tombe aux mains
« des idéalistes, comme qui dirait de fièvre en chaud-mal.
« Les membres de la Commune du 25 avril représentent
« une foule de sectes à dénominations plus ou moins
« barbares : le Communisme, le Babouvisme, le Collec-
« tivisme, l'Individualisme, le Jacobinisme, l'Hébertisme,
« l'Unitarisme, le Fédéralisme. » Ainsi se classaient-ils
« eux-mêmes dans les réunions publiques, aux assem-
« blées de l'Internationale, dans les manifestes des comi-
« tés et les discussions de la presse.

« Ils sont arrivés au pouvoir tout d'une pièce, sans
« songer que le rôle des gouvernements est, non pas de
« rédiger la charte de l'an 2000 ou le symbole des Apô-
« tres, mais de grouper les mesures, les résolutions exi-
« gées par la situation au jour le jour. Aussi leurs actes
« sont-ils en discordance croissante et entre eux et avec
« leurs principes. »

Qui peut nous affirmer que telle ou telle fraction du
parti radical, aussi capable qu'aucune autre d'arriver au
pouvoir, n'est pas déterminée à rejeter toute organisation
destinée à résister à la démagogie des villes (1), à abolir
la famille, la propriété ?

(1) De trop nombreux exemples nous apprennent avec quelle facilité la
démagogie peut, en certaines circonstances, se rendre maîtresse d'une
grande ville. Supposons que le décret de la Commune abolissant la con-
scription soit appliqué, que ses tendances à substituer la garde nationale
à l'armée aient reçu satisfaction ; une ville comme Paris peut plus facilement réunir cent mille hommes en vingt-quatre heures que tout le reste de
la France ne peut le faire, peut-être, en huit jours. Matériellement, nous
serions donc absolument livrées à l'hégémonie toute-puissante de la fédé-
ration des grandes villes. D'ailleurs, sous quelque forme de gouvernement
que ce soit, on peut toujours considérer les faubourgs des grandes villes
comme formant une armée démagogique toute prête, qui peut toujours
facilement être endoctrinée, et qui en un instant peut recevoir le mot
d'ordre. Ce système, ou tout autre du même genre, transformerait donc la
démagogie des grandes villes en une aristocratie toute-puissante. Mais,
quelle aristocratie peut être plus inacceptable que celle formée au hasard
de tous les individus qui ont trouvé bon de s'établir dans les villes ?

On nous dira : mais comment ont donc pu faire les Américains ? Les colonies américaines, soit par goût, soit pour répondre à des nécessités de circonstances, avaient pratiqué des institutions républicaines. «Lorsqu'après avoir étudié attentivement l'histoire de l'Amérique », observe Tocqueville, « on examine avec soin son état politique et social, on se sent profondément convaincu de cette vérité : qu'il n'est pas une opinion, pas une habitude, pas une loi, je pourrais dire pas un événement que le point de départ n'explique sans peine. » Ces petites colonies, en s'organisant quelquefois dès leur origine en république, avaient dû obéir avant tout à la force des choses. Les pèlerins de la *May-Flower*, premiers fondateurs de la démocratique nouvelle Angleterre, étaient un petit nombre d'hommes austères, stricts observateurs de doctrines rigides ; ils établirent d'abord la communauté des biens, puis, ayant reconnu que cela était mauvais, ils l'abandonnèrent. Chacune de ces colonies était, en général, respectivement formée d'hommes appartenant au même parti, enfin fondateurs d'État, et en quelque sorte tout-puissants chez eux, mais dans de petites colonies si faibles qu'un rien pouvait les détruire. Il leur fallut immédiatement compter avec la réalité des choses ; dans ces cas-là, l'entraînement peut bien encore conserver un certain empire, mais l'impérieuse nécessité de compter avec les faits positifs est là avant tout, et l'on s'arrange du mieux que l'on peut pour faire face aux circonstances. Mais quand un grand et puissant pays se fait républicain en cédant à la pression d'un parti qui poursuit ses diverses rêveries, quand il se départ du principe que seules les réformes dûment démontrées utiles doivent être faites, et qu'elles ne doivent être faites que quand des voies et moyens incontestablement praticables ont été trouvés, il se destine à être un champ d'expériences et il se voue à la désorganisation. Dans la foule américaine, à la fin du XVIIIe siècle,

l'idée républicaine se mariait à des notions positives ; mais chez nous, le péché originel de la république
est irrémissible. Elle est avant tout un amoncellement
de chimères, fondé sur le désir de changer ce qui est.
Quelle sécurité pourrions-nous avoir avec une république démocratique quelconque ? « Les doctrines so-
ciales, économiques, politiques des membres qui m'applaudissent, je ne les partage pas, disait, le 29 novembre 1872, M. Thiers en montrant la gauche, ni sur
les impôts, ni sur l'armée, ni sur l'organisation sociale,
ni sur l'organisation politique, ni même sur l'organisation
de la république, je ne pense pas comme eux. » A cela,
que répliquent les organes de la gauche démocratique ?
« Nous ne pouvons croire, disait la *République française*
du 14 mai 1873, en parlant des projets constitutionnels
du gouvernement, que ce soit là l'enseignement recueilli
par le pouvoir dans tant de scrutins significatifs. La république conservatrice était un non-sens ou un truisme ;
la république réactionnaire serait un véritable péril. » Et
que l'on se garde bien de croire que ce que nous citons
là soit une manifestation isolée : nous pourrions au contraire, au delà peut-être de tout ce qu'on peut imaginer,
multiplier des citations du même genre.

Elles nous font connaître la situation du centre gauche
par rapport à la gauche démocratique ; et quelle est la
situation de celle-ci par rapport au radicalisme ? La délé-
gation de Tours, gouverna-t-elle plus facilement Lyon et
Marseille que le gouvernement de la Défense nationale
ne gouverna Paris ? Ici, comme là, ce sont, de la part de
forces démagogiques, des tentatives d'usurpation de pouvoir. Nous arrivons ainsi à l'extrême gauche du parti
radical, au communalisme ; et plus haut nous avons vu en
combien de sectes il se divise. Le républicanisme en
France ne peut se rallier à aucune expérience positive ;
se fondant sur des hypothèses, ayant pour objet la réa-

lisation de théories très-multiples, souvent fort diverses et plus ou moins absolues, il ne saurait amener que le désordre.

Au contraire, nous autres monarchistes ne voulons-nous pas tous d'un prince héréditaire, de deux Chambres, d'une magistrature inamovible ? Plusieurs parmi nous n'aiment pas le suffrage universel : cela est vrai. Mais aucun de nous ne fait de sa suppression une condition absolue. La source de nos divisions est presque uniquement la question de dynastie ; c'est donc cette question que nous devons autant que possible chercher à écarter ; mais, royalistes ou impérialistes, nous devons penser que si cette Assemblée, en majorité conservatrice, après s'être proclamée constituante, se séparait en laissant derrière elle cette absence d'institutions gouvernementales qui était un de nos plus grands dangers en 1871, cela paraîtrait un aveu d'impuissance, et que cette fausse apparence pèserait lourdement sur le parti monarchique tout entier. Le terrain sur lequel nous pouvons nous rencontrer est celui des institutions. Nous devons toutefois nous rappeler que le droit d'établir une constitution de sa seule autorité a été dénié à la Chambre par une minorité considérable ; mais celui de proposer ou de faire proposer un projet de constitution à l'acceptation du peuple ne peut lui être contesté. Par conséquent, le peuple aurait à ratifier l'acte constitutionnel et ensuite à désigner la dynastie. Cela pourrait être favorable au parti bonapartiste, soit. Quoique sympathique à cette solution, nous ne croyons pas cependant, en demandant l'appel au peuple, être entraîné par l'esprit de parti. La monarchie est la seule forme de gouvernement avec laquelle la France puisse être réellement maîtresse de ses destinées (1), et nous ne pensons pas qu'aucun acte de nature à accré-

____

(1) Comme l'est par exemple l'Angleterre.

diter une opinion contraire puisse être sans inconvénient ou même sans danger, sinon pour le présent, du moins pour l'avenir. D'ailleurs, en agissant de la sorte, ne prouverions-nous pas que notre opinion peut faire abstraction de toute dynastie et qu'elle se fonde avant tout sur notre patriotisme et sur la conviction raisonnée que la forme monarchique est la meilleure et la plus sûre ?

Mais, si le peuple ne ratifiait pas le projet du Comité constituant, la situation serait-elle compromise ? La Chambre aurait hautement manifesté sa volonté de ne rien imposer à la nation contre son gré ; elle pourrait, sans être trop pressée par l'opinion, remettre en de nouvelles mains le soin de préparer une constitution sans abandonner absolument le gouvernement et toutes choses aux hasards de vingt-quatre heures d'élections. Cette manière d'envisager l'Assemblée élue en 1871 comme chargée, d'une part, de répondre aux exigences du gouvernement de chaque jour, et, d'autre part, d'aviser à ce que les lois constitutionnelles soient préparées et présentées à l'acceptation du peuple de manière à nous faire sortir le plus tôt possible, mais sans précipitation, de l'état provisoire, nous paraît la plus conforme aux circonstances et à l'origine de l'Assemblée. Elle nous paraît, d'ailleurs, au point de vue de la sécurité, offrir de sérieuses garanties.

LE FAIT EST-IL LA RÉPUBLIQUE ?

(NOVEMBRE 1873)

Le 16 février 1871, MM. Dufaure, Jules Grévy, Vitet, Léon de Maleville, Lucien Rivet, le comte Mathieu de La Redorte, Barthélemy-Saint-Hilaire, proposaient à l'Assemblée de conférer le titre de chef du pouvoir exécutif de la République française à M. Thiers. M. Victor Lefranc, chargé du rapport sur cette proposition, déclara que l'existence de la république était un fait incontestable ; enfin M. Thiers, en formulant ce qu'on a appelé le pacte de Bordeaux, disait : « Sous quelle forme « se fera la réorganisation ? Sous la forme de la répu- « blique et *à son profit.* »

Il était évident que si la république réorganisait le pays, elle devait bénéficier de son œuvre. Mais alors le pacte de Bordeaux n'était pas à bien dire une trêve entre les partis, c'était de la part des monarchistes un acte d'abnégation ; pour écarter des conflits, ils laissaient à la république l'honneur de réorganiser le pays. Cependant, ce qui caractérisait la situation à Bordeaux, c'était l'absence complète de toute institution gouvernementale. Il n'y avait d'organisé, pas plus de république que de monarchie. La seule chose existante était une Assemblée qui était un fait non une institution, car, en général, les institutions existent conformément à des lois ou à des usages qui en déterminent la nature. Or, cette Assemblée n'avait d'autre loi que d'agir conformément aux exigences de la situation. — Il eût donc été facile de contester qu'il résultait de l'état même des choses que la forme républicaine dût bénéficier de l'œuvre de réorganisation, mais aussi bien à droite qu'à gauche on s'en rapporta à des apparences superficielles et l'on admit que le fait était la république provisoirement établie. Quelques-uns seulement se contentèrent de prendre ce mot de *république* dans l'acception de *chose publique*, abstraction faite de la forme du gouvernement. Cependant, adopter le nom de *république*, c'était, en raison du gouvernementalisme des campagnes, faire tout ce qu'on pouvait de plus favorable au parti républicain, car, certainement, les paysans ne feraient pas une distinction qui échappait à la plupart des députés.

Le mois de mai dernier, M. Dufaure faisant l'exposé des motifs de la loi électorale, s'appuyait sur le passage suivant de Montesquieu, qu'il citait : « Dans une dé-
« mocratie, les lois qui établissent le droit de suffrage
« sont fondamentales. En effet, il est aussi important
« d'y régler comment, par qui, à qui, sur quoi les suf-
« frages doivent être donnés, qu'il l'est, dans une mo-
« narchie, de savoir quel est le monarque et de quelle
« manière il doit gouverner. Libarius dit qu'à Athènes
« un étranger qui se mêlait dans l'assemblée du peuple
« était puni de mort. C'est qu'un tel homme usurpait
« le droit de souveraineté. »

M. Dufaure ajoutait que, sans être jaloux à ce point de ce droit, nous ne saurions l'abandonner négligemment à qui veut s'en emparer. Mais nous, nous dirons à notre point de vue, qu'une monarchie dans de telles conditions serait tout au plus un corps sans âme, et qu'il en est de même de notre république. Il n'est guère plus important de distinguer un être qui est vivant d'un être qui ne l'est pas, que de distinguer le stable du provisoire. En dehors des formes spécialement qualifiées de provisoires, toute forme de gouvernement est organisée pour durer et pour répondre à peu près indéfiniment aux exigences de la vie nationale. Les dispositions prises par le législateur à cet effet peuvent être plus ou moins bonnes, mais ces dispositions existent. Au contraire, un gouvernement provisoire a une existence toute circonstantielle. Pour le rendre durable, il faut nécessairement le modifier, et, dès que ces modications ont été faites, il cesse d'être essentiellement provisoire. On a alors un gouvernement qui peut n'être que provisoirement établi, mais qui en lui-même n'est plus provisoire. Or, ce qui est, ce qui dure depuis bientôt trois ans, peut-il être considéré comme une forme de gouvernement provisoirement établie ? ou bien vivons-nous sous un régime essentiellement provisoire ? En un mot, notre gouvernement tel qu'il est pourrait-il être proclamé définitif ?

Tout d'abord, qu'est-ce que l'Assemblée ? On sait que sur ce point les avis sont partagés. Suivant les uns, la Chambre, après avoir rétabli l'état de paix, n'avait qu'à se séparer en convoquant une assemblée constituante. Avec cette manière de voir, l'Assemblée n'est évidemment qu'un pouvoir tout à fait circonstanciel et provisoire, et il n'existe d'institutions républicaines d'aucune sorte. Mais ceci n'est que l'opinion d'une minorité, et nous reconnaissons d'autant plus facilement qu'on peut la taxer d'hérésie qu'elle ne nous paraît guère admissible.

Suivant la doctrine de la majorité, l'Assemblée est souveraine et constituante. Mais une souveraineté doit être limitée ou illimitée. Nous n'ignorons pas cependant que la toute-puissance législative du Parlement anglais peut être dite absolue sans toutefois que l'on puisse affirmer qu'elle le soit tout à fait ; mais, en définitive, les pouvoirs de ce

Parlement ne pourraient commencer à être légalement contestés que s'il entreprenait de bouleverser les institutions anglaises et les lois de l'équité naturelle. Notre Chambre, au contraire, se trouve, au point de vue politique du moins, en présence d'un bouleversement qui vient d'être accompli, et les deux thèses contraires, « qu'elle relève ou qu'elle ne relève pas du corps électoral qui l'a élue », peuvent être également soutenues. Dans le premier cas, pour quels actes l'Assemblée doit-elle consulter le suffrage universel ? Quand doit-elle renouveler ses pouvoirs ? Les partisans de cette manière de voir doivent forcément reconnaître que nous sommes en plein provisoire, car, dans l'état de choses actuel, la souveraineté du suffrage universel est presque dépourvue de sanction, et rien ne consacre que l'Assemblée ne pourrait modifier profondément ce corps électoral.

Avant d'aller plus loin, nous devons nous rappeler que la souveraineté du suffrage universel est une doctrine nouvelle. En effet, un peuple n'est pas rigoureusement la génération présente, c'est l'ensemble de cette génération des traditions nationales et des intérêts d'avenir de la nation. Au xviie siècle, on pensa que la personnification de l'État était le roi ; plus tard, on crut que l'État résidait dans l'ensemble des personnes intéressées par leur fortune à l'ordre et à la prospérité du pays. La république de 1848, après s'être empressée de décréter le suffrage universel, le modifia ensuite si profondément qu'on peut dire qu'elle ne le maintint pas. Enfin l'empire fonda le régime plébiscitaire. Le 4 septembre 1870, sans tenir compte ni d'élections récentes du suffrage universel, ni d'un plébiscite qui venait d'être rendu, une émeute renversait l'empire. En 1871, l'Assemblée, sans recourir à l'appel au peuple, déclara déchu le régime impérial. Enfin, l'insurrection du 18 mars, sans faire d'exception pour le cas où le suffrage universel se prononcerait à nouveau ou directement, déclarait que Paris resterait ville libre, à moins que la France ne s'organisât d'une certaine façon. Le gouvernement du Quatre Septembre n'avait aucun droit de ne pas tenir compte du plébiscite de 1870, mais il n'en avait non plus aucun pour établir le droit du suffrage universel. Par conséquent, nous ne vivons pas sous le régime d'un droit reconnu et incontesté du suffrage universel, mais, à cet égard, nous sommes en présence d'un bouleversement accompli.

Si maintenant nous nous mettons au point de vue de ceux qui pensent que la souveraineté réside dans l'Assemblée, nous admettons par là même que, jusqu'à ce qu'une constitution ait été votée, cette Assemblée est la loi vivante du pays. Cet état de choses ressemblerait beaucoup, nous en convenons, à une république gouvernée par une aristocratie, qu'en raison de précédents qui ont duré environ trois ans on pourrait appeler *aristocratie à vie et élective*. Mais encore faudrait-il savoir si l'Assemblée peut se recruter autrement que par l'entremise du suffrage universel consulté dans de certaines conditions. Pourrait-elle par exemple remplacer des députés nommés par les départements par des députés nommés par les arrondissements ? Enfin, si oui, l'Assemblée pourrait-elle se recruter absolument par les moyens qu'elle jugerait convenables ? Il est impossible de supposer que, dans un état de choses tel que le nôtre, où tout paraît dépendre exclusivement de la Chambre et du corps électoral, une question de ce genre puisse rester indéfiniment indécise. Ainsi donc, même à ce point de vue, qui est celui qui nous rapproche le plus d'une forme républicaine, il faut encore reconnaître que le caractère essentiel et prédominant de ce qui est est le caractère provisoire.

En somme, nous marchons avec un seul des rouages nécessaires à un gouvernement. Ce rouage, qui est une assemblée élue, appartient aussi bien à la monarchie qu'à la république, et encore tel qu'il est, est-il très-insuffisamment défini. Nous ne pouvons donc rapporter le maintien de l'ordre, ou ce qui a été accompli de l'œuvre de réorganisation, à des institutions d'aucune sorte. C'est à la personne même des gouvernants que nous devons rapporter ce qui a été fait. Or, la majeure partie des membres de l'Assemblée appartiennent aux partis monarchiques et conservateurs. Nous ne prétendons pas que leur œuvre ne puisse être discutée, mais, ce qui est évident, c'est que c'est à la prépondérance de leurs doctrines et surtout à leur extrême défiance de la démagogie, que nous sommes redevables du maintien de l'ordre jusqu'à présent.

Puisque nous avons pénétré dans le domaine de l'actualité, qu'il nous soit permis de parler de la Présidence. Telle qu'elle est, cette institution est bien plutôt défectueuse qu'essentiellement provisoire. Aux mains d'un chef de parti elle est presque toute-puissante. Car, s'il se retire, ceux que domine avant tout la crainte d'un parti contraire ont à craindre que le pouvoir ne leur échappe tout à fait ; quant aux autres, si le Président appartient au parti démocratique, ils ont toujours à craindre en le renversant de provoquer des troubles dans les grandes villes. — Aux mains d'un homme en dehors des partis, — le témoignage irrécusable de M. le maréchal de Mac-Mahon le prouve, — elle n'a pas de pouvoirs suffisants. La personnalité du chef du pouvoir exécutif a, peut-être, surtout en France, une influence trop considérable pour que cette première place puisse rester à la merci des caprices d'une majorité parlementaire ; on ne peut admettre non plus qu'un jour ou l'autre elle puisse appartenir à un chef de parti. Nous avons rencontré un homme étranger aux partis et d'une loyauté que tous reconnaissent : il ne nous semble pas que l'on puisse hésiter à lui remettre, à lui *personnellement*, le pouvoir exécutif jusqu'à l'époque où, un état de choses ayant été adopté, le nouveau gouvernement soit constitué. Nous rappellerons que, le 10 novembre dernier, le *Gaulois* faisait à peu près dans le même sens une proposition ainsi conçue : « Les pouvoirs du Président actuel de la « République sont prorogés jusqu'au jour où l'Assem- « blée se prononcera sur la date de l'appel au peuple. »

12 novembre 1873.

NOTE SUR LES ÉTATS-UNIS

On nous objectera (1) peut-être l'exemple du général Lee, qui, allié à Washington par son mariage avec la petite fille de Mme Washington, et appartenant lui-même à une famille qui avait activement concouru à fonder l'Union, embrassa la cause séparatiste.

Dans un pays unitaire tel que le nôtre, la conduite du général Lee serait incontestablement coupable ; mais que l'on se figure que les royalistes, les jacobins, les membres de la petite Église, les théophilanthropes aient fondé des colonies, et qu'après avoir vécu pendant près de cent cinquante ans sans avoir de grands rapports entre elles (2), la défense d'un intérêt commun ait obligé ces colonies à réunir leurs forces, et l'on se fera une idée juste du point de départ (il n'y a pas encore cent ans) de la république des États-Unis. Tout d'abord, les Américains se constituèrent simplement en confédération ; mais bientôt, la paix ayant été faite, et la nécessité de la défense ne contenant plus les esprits, le désordre fut à

(1) Voir page 16, note 2.

(2) Vu la difficulté des communications, quelques-unes des colonies anglo-américaines étaient, par le fait, plus éloignées l'une de l'autre que l'Europe ne l'est aujourd'hui de l'Amérique.

son comble ; divers États se traitèrent comme des peuples
étrangers. Pour remédier au mal, on eut recours à une
convention constituante. Ce qui précède peut donner une
idée des diffficultés qu'eurent à vaincre les constituants.
Il est inutile de rappeler qu'ils furent au niveau de leur
tâche ; que dans un état de choses en apparence funeste
ils découvrirent d'heureux principes de contrôle. La
constitution qui sortit de leurs mains peut, à bien des
égards, être considérée comme un modèle. Toutefois, ils
laissaient indécise une question que d'ailleurs il leur eût
été impossible de trancher ; car en général les États te-
naient essentiellement à ce que le principe de leur souveraineté fût maintenu. Avaient-ils en principe fondu en un
seul peuple treize peuples différents? ou bien avaient-ils
seulement réuni ces peuples par un lien fédéral extrêmement fort? Sans se faire d'illusion, sans se figurer qu'il
fût possible de fonder une nation du jour au lendemain,
Washington était cependant du premier avis. « Il est
« d'une importance extrême, dit-il, dans son message
« d'adieux, que vous connaissiez combien votre bonheur
« individuel dépend de l'Union qui vous constitue en
« corps de nation ; il faut que vous la chérissiez constam-
« ment, invariablement ; que vous vous accoutumiez à la
« considérer comme le palladium de votre bonheur et de
« votre sûreté ; que vous veilliez sur elle d'un œil jaloux ;
« que vous imposiez silence à quiconque oserait jamais
« vous conseiller d'y renoncer ; que vous fassiez éclater
« toute votre indignation au premier effort qu'on tenterait
« pour détacher de l'ensemble quelques parties de la
« Confédération, ou pour affaiblir un seul des nœuds
« sacrés qui la forment. Des motifs de plus d'un genre
« doivent vous y porter : cette patrie, dont vous êtes ci-
« toyens, soit par la naissance, soit par votre choix, a
« des droits à toute votre affection. Le nom d'*Américain*,
« qui est pour vous le nom national, doit plus que tout

« autre exalter en vous l'orgueil du patriotisme. » Plus
loin, il faut le dire, il ajoutait : « Quelques personnes
« doutent, il est vrai, qu'un gouvernement unique puisse
« embrasser un si vaste territoire. C'est à l'expérience à
« résoudre le problème ; ce serait un crime, en pareil cas,
« de ne suivre que la théorie; nous pouvons espérer
« qu'une sage administration de la part du gouverne-
« ment, jointe aux efforts des gouvernements particuliers,
« aura un résultat favorable. »

Mais, bien que Washington pensât que la constitution
créait une nation, une certaine tendance à être d'un avis
différent du sien ne laissait pas que d'être assez générale ;
elle se manifesta notamment dans l'assemblée des délé-
gués que la Virginie avait chargés de se prononcer en son
nom sur l'acceptation de la constitution. Patrick-Henri
s'éleva contre les termes : « Nous, le peuple (1) des États-
Unis », qui sont les premiers mots du préambule constitutionnel, dans la crainte que l'on entendît par là les habitants de tous les États considérés comme formant une
masse homogène. Madison, qui défendait la constitution,
répondit : « qu'il ne s'agissait pas du peuple considéré
comme formant une seule grande société, mais du peuple
considéré comme formant treize souverainetés. » La prépondérance des partisans de cette manière de voir ne
tarda pas à s'établir d'une manière durable. On sait que
Jefferson, qui voulait que les États-Unis fussent une
seule nation, dans toutes les questions touchant à la poli-
que extérieure et les nations séparées sur toutes les questions purement domestiques, et qui ne cessa d'interpréter
la constitution dans ce sens, fut le troisième président
des États-Unis.

Laissons maintenant le général Lee lui-même nous

____

(1) Les mots *the people* seraient peut-être mieux traduits par l'expression
la population.

faire connaître ses sentiments : « Nous avons beaucoup de journaux, mais de vieille date, écrit-il en décembre 1856 de Fort-Brown, (Texas), où il était en garnison. Les choses ont l'air d'aller comme d'habitude dans les États. M. Buchanan, paraît-il, va être notre président. J'espère qu'il pourra éteindre le fanatisme au nord et au sud, développer l'amour du pays et de l'Union, et rétablir l'harmonie entre les différentes sections. J'ai reçu la *Vie de Washington*, d'Everets, que vous m'avez envoyée, et je l'ai lue avec plaisir, écrit-il le 23 janvier 1861. Que son esprit serait peiné s'il pouvait voir le naufrage de son puissant labeur. Je ne veux pas cependant me laisser aller à penser, tant que tout moyen d'espérer ne sera pas perdu, que le fruit de ses nobles faits sera détruit, et que ces précieux conseils et son vertueux exemple seront si vite oubliés par ses compatriotes. Autant que j'en puis juger par les journaux, nous sommes entre un état d'anarchie et la guerre civile. Puisse Dieu détourner de nous ces deux maux. Je crains que d'ici longtemps l'humanité ne soit pas suffisamment christianisée pour pouvoir se passer de contrainte et de l'emploi de la force. Je vois que quatre États se sont déclarés sortis de l'Union ; quatre autres suivront probablement leur exemple ; alors si les États frontières se jettent dans le gouffre de la révolution, une moitié du pays se trouvera en ligne contre l'autre. Je dois m'efforcer d'être patient et d'attendre la fin ; je ne puis rien faire pour la hâter ou la retarder. »

Puis les événements ont marché ; la guerre est imminente, et il est devenu impossible de ne pas se prononcer. Il écrit d'Arlington, terre située sur les rives du Potomac, en vue de la capitale fédérale, le 20 avril 1861, la lettre suivante au général Scott : « Général, depuis mon entrevue avec vous, du 18 de ce mois, j'ai senti que je ne devais pas conserver ma commission dans l'armée ; par conséquent, je donne ma démission; je vous prie de la recommander pour qu'elle soit acceptée. Je l'aurais déjà envoyée sans le combat que j'ai eu à soutenir contre moi-même pour quitter un service auquel j'ai consacré les meilleures années de ma vie et toutes les capacités que je puis avoir. »

Il rappelle ensuite les souvenirs d'affection et de reconnaissance qu'il conserve pour ses anciens supérieurs ou camarades, et en particulier pour le général Scott; puis il ajoute en terminant: « Sauf pour défendre mon État natal, je désire n'avoir jamais à combattre de nouveau. » Et en même temps, il écrivait à sa sœur : « Je regrette de ne pouvoir pas vous voir..... Nous voici maintenant dans un état de guerre qui ne nous mènera à rien. Tout le sud est dans un état de révolution, où la Virginie, après un long débat, a été entraînée; et quoique je ne reconnaisse pas de raisons rendant nécessaire un tel état de choses, que je me fusse contraint et que j'eusse plaidé jusqu'à la fin pour la réparation des griefs réels ou supposés, encore est-il, qu'en ce qui me concerne personnellement, j'ai eu à considérer si je prendrais parti contre mon État natal.

« Avec tout mon dévouement à l'Union, et les sentiments de loyauté et de devoir d'un citoyen américain, je n'ai pu me faire à l'idée de lever la main contre mes parents, mes enfants, mes foyers (my home). J'ai, par conséquent, donné ma démission, et sauf pour défendre mon État natal, avec le sincère désir qu'on n'ait pas besoin de mes faibles services, j'espère que je ne serai jamais appelé à prendre les armes. Je sais que vous me blâmerez, mais vous devez penser de moi avec le plus de bienveillance que vous pourrez, et croire que j'ai tâché de faire ce que je juge juste. Pour vous montrer mes sentiments et la lutte que j'ai eue avec moi-même, je vous envoie copie de ma lettre de démission. »

La patrie américaine est bien un peu une théorie pour

le général. On sent que le véritable pays vers lequel le
porte cet amour instinctif qui est le patriotisme, est la
Virginie. Toutefois, si en 1861, au lieu d'une Chambre
haute où se reflétaient les passions, l'esprit local des
législatures d'État qui en avaient nommé les membres,
il y avait eu une Chambre animée de sentiments anà-
logues à ceux que nous voyons chez le général, certes il
ne s'y fût trouvé personne pour venir parler hautement
des Etats-Unis comme d'un peuple étranger, ainsi que
cela eut lieu en plein Sénat, et on avouera qu'il y a bien
quelques raisons de croire que la guerre de la sécession
eût peut-être été évitée. Mais si une pareille Chambre
avait été créée dès les premiers jours de l'Union, n'eût-
elle pas été un milieu où ce sentiment national, que nous
voyons chez le général Lee, inquiet, hésitant, incomplet,
en quelque sorte, eût acquis bien vite de la force et de
la consistance, et où, comme d'un foyer, il se fût répandu
dans le pays. Il y a beaucoup d'analogie entre les sentiments du général Lee et ceux qui prédominaient dans
la Constituante de 1787. Presque tous les fondateurs
de l'Union constituants et autres, avaient, jusqu'à la
Révolution, vécu dans des sentiments de patriotisme local ;
mais eux aussi avaient une doctrine, une doctrine qu'eux-
mêmes avaient, en quelque sorte, créée, qui n'était pas
bien positivement la patrie américaine, mais qui, à coup
sûr, était l'union ; et s'il leur eût été donné de constituer
un milieu, il n'y a pas à douter que l'on y eût veillé avec
sollicitude au maintien de cette union que soi-même on
avait faite, et que la tendance de l'esprit qui avait fondé
n'eût été de consolider. Bien loin de là, au milieu de pouvoirs tous électifs, la tradition des dangers de la première
heure, des obstacles que l'on avait eu à tourner ou à sur-
monter, s'obscurcit bien vite. Dès 1820, on faisait le
compromis du Missouri qui, donnant une frontière géo-
graphique à l'esclavage, contenait, en germe, une future

sécession. A cette nouvelle, le vieux Jefferson, celui-là même qui voulait que, quant aux questions intérieures, les Etats fussent des peuples séparés, qui s'était fait le chef de l'école opposée à Washington, fut rempli d'un patriotique effroi, et il écrivait du fond de sa retraite : « J'avais depuis longtemps cessé de lire les journaux ou de faire attention aux affaires publiques, j'avais confiance qu'elles étaient en bonnes mains, et j'étais heureux d'être passager sur notre navire, jusqu'à la rive dont je ne suis pas éloigné ; mais cette grande question, comme le tocsin dans la nuit, m'a éveillé et m'a rempli de terreur.... »

Et cette question ayant été résolue dans le sens qu'il craignait : « *J'ai été de ceux qui ont eu la foi la* « *plus ferme dans la longue durée de notre union.* « Je commence à en douter beaucoup.... Ma seule con- « solation est de penser que je ne vivrai pas assez long- « temps pour assister à ce spectacle. Je n'envie pas à « la génération présente la gloire d'avoir jeté au vent le « fruit de sacrifices faits par ses pères, ni celle d'avoir « donné un résultat désespérant à l'expérience qui devait « décider si l'homme est capable de se gouverner lui- « même : cette trahison envers les espérances de l'hu- « manité signalera son temps à l'histoire, comme le « revers de la médaille de ses prédécesseurs. »

D'ailleurs, le sentiment qu'il y avait quelque chose à faire dans le sens que nous disons existait parmi plu-sieurs des fondateurs de l'Union. Nous rappellerons d'abord que l'armée eut la pensée d'offrir la couronne à son chef. « *Avec la République*, écrivait à Washington, en 1792, le colonel Lewis-Nicolle, se faisant l'organe de ses compagnons d'armes, *l'Amérique ne deviendra jamais une nation*. L'expérience nous apprend que la forme du gouvernement anglais est la meilleure. » Washington rejeta avec force cette proposition. Pour l'Amérique, dit M. Cornélis de Witt, dans ses remarquables ouvrages sur Washington et sur Jefferson :

« Il n'y avait point de terme moyen entre la monar-
« chie traditionnelle et la république fédérative. Une
« monarchie révolutionnaire, la centralisation hérédi-
« taire du pouvoir entre les mains d'un Américain
« auraient brisé les faibles liens qui unissaient les colo-
« nies. Le roi d'Angleterre n'était resté si longtemps
« le souverain commun de ces Etats divers que parce
« qu'il n'ap, artenait à aucun d'entre eux. Etranger à
« leurs luttes, à leurs passions, à leurs haines parti-
« culières, il pouvait les comprimer, parce qu'il ne les
« partageait point. Ce que les États craignaient avant
« tout, ce dont ils avaient encore bien plus horreur
« que de la domination anglaise, c'était de dépendre les
« uns des autres. Ces méfiances si ombrageuses que
« nous avons vu se développer contre un pouvoir cen-
« tral, comme le Congrès où ils étaient représentés, où
« les minorités seules pouvaient devenir despotiques, se
« seraient décuplées contre un homme qui, sans leur
« donner les mêmes garanties, aurait porté seul tout le
« poids de la responsabilité. »

Empruntons encore à M. de Witt, dans l'œuvre de qui
nous avons largement puisé, toujours sûr d'y trouver les
renseignements les plus utiles joints aux considérations
les plus justes et les plus élevées, le passage suivant :
« A la fin de la guerre, quelques officiers avaient formé
« une sorte de chevalerie sous le nom de *sociétés des*
« *Cincinnati.* Les principes suivants serviront de base
« à notre société, disaient-ils dans une déclaration du
« mois de mai 1783 : *Défendre les droits pour lesquels*
« *nous avons combattu; fortifier l'union entre les États,*
« *et le sentiment national* qui sont si nécessaires au
« bonheur et à la dignité future de l'empire américain;
« maintenir entre les officiers les liens d'affection qui
« les unissent, et secourir ceux d'entre eux qui en au-

« raient besoin. » La société devait être perpétuelle et
« héréditaire; la qualité qu'elle conférait à ses membres
« devait descendre à leurs enfants, de mâle en mâle,
« par droit de primogéniture. Les officiers français qui
« avaient combattu pour l'Amérique, pouvaient en
« faire partie et en porter les insignes. *Washington avait*
« *consenti à être placé à la tête de cet ordre*, et il en
« avait présidé la première Assemblée générale en 1784,
« mais les tendances aristocratiques des Cincinnati,
« avaient si fort excité les susceptibilités démocratiques
« des masses, que l'illustre commandant en chef, sacri-
« fiant ses sentiments de sympathie pour d'anciens
« compagnons d'armes à la crainte de troubler la paix
« du pays, avait refusé, sous des prétextes de santé et
« de convenance personnelle, la présidence de la seconde
« Assemblée générale. Elle devait se réunir à Phila-
« delphie en même temps que la Convention constituante.

On ne pouvait songer à former une Chambre avec tous
ces officiers, et en définitive, les Cincinnati auraient
constitué une aristocratie sociale plutôt qu'une aristocratie politique, la seule qui fût utile. Dans la Convention,
au contraire, on pensa trop exclusivement à une aristocratie politique. Hamilton voulait d'une Chambre haute
qui représentât la propriété, dont les membres seraient
nommés à vie par le corps des francs-tenanciers. L'organisation du Sénat telle qu'elle existe a été due surtout
à John Dickinson dont la pensée élevée et lumineuse à
plusieurs autres points de vue doit être suivie dans tout
son développement. « La monarchie limitée, disait-il,
« est l'une des meilleures formes de gouvernement ; il
« n'est pas certain qu'on puisse obtenir les mêmes bien-
« faits d'un autre régime, et il est certain que la répu-
« blique n'en a jamais donné d'aussi grands. Mais la
« monarchie limitée est hors de question...... et il ne

« faut point s'abandonner au désespoir, parce que la
« constitution peut-être la plus parfaite, en elle-même
« est impossible..... Il nous faut chercher quelque chose
« qui la remplace. Nous trouverons des éléments de sta-
« bilité d'abord dans le partage du pouvoir législatif en
« deux branches, puis et surtout dans la division du
« pays en États distincts..... Je regarde cette division
« du pays en États distincts comme une bonne fortune.
« On parle de la détruire..... et c'est elle qui me rassure
« au milieu de mes inquiétudes sur l'avenir de ma patrie.
« Fondez tous les États en une seule grande République,
« et vous pourrez lire le sort de cette grande République
« dans l'histoire des petites..... Enlevez aux États toute
« part dans le gouvernement de la nation, faites émaner
« tous les pouvoirs du peuple tout entier, et vous verrez
« le gouvernement national se précipiter dans la voie où
« marchent aujourd'hui les gouvernements locaux et
« tomber dans les mêmes excès. La réforme n'aura servi
« qu'à réunir les treize petits ruisseaux en un seul tor-
« rent entraîné sur une pente sans rencontrer d'obsta-
« cles..... Il faut laisser intervenir les États dans le
« gouvernement central, pour amener cette division et
« cette lutte des pouvoirs par lesquelles ils se soutiennent
« réciproquement..... *Que le peuple nomme directement*
« *l'une des deux branches du pouvoir législatif, que les*
« *législatures locales nomment l'autre.* Mêler ainsi les
« gouvernements particuliers au gouvernement général,
« c'est une combinaison aussi politique qu'elle est inévi-
« table..... *Le Sénat doit ressembler, autant que possible,*
« *à la Chambre des lords. Il doit être composé de per-*
« *sonnages distingués par leur rang dans le monde et*
« *par leur fortune.* De tels personnages y arriveront bien
« plus sûrement par la voie des législatures locales
« que par tout autre mode d'élection. »
    « Promettre au comité, dit M. de Witt après cette cita-

« tion, un Sénat ressemblant autant que possible à la
« Chambre des lords, c'était répondre habilement aux
« vœux instinctifs de l'Assemblée presque tout entière.
« Ce que Moclison lui-même demandait au Sénat, c'était
« de devenir le représentant de la grande propriété et son
« défenseur contre les entreprises de ceux qui, courbés
« sous le poids des misères de cette vie, soupirent en
« secret après une distribution plus égale du bonheur.
« Gouverneur Morris, continue M. de Witt, allait
« encore bien plus loin dans cette voie..... Les adver-
« saires de Dickinson, loin de combattre ses idées au
« nom de la démocratie, affectaient de les attaquer sur-
« tout au nom de ces classes supérieures dont les législa-
« tures locales, trop exposées à la pression populaire,
« n'avaient point su sauvegarder les intérêts. » Ainsi,
d'un côté, les Cincinnati voulaient fonder une aristocratie sociale trop nombreuse pour former une Chambre
et composée en majeure partie d'hommes méritants sans
doute, mais trop obscurs pour répondre à la nécessité politique ; d'autre part, les constituants, dominés qu'ils
étaient par le sentiment de cette nécessité, oubliaient que
la meilleure base d'une aristocratie politique, est une aristocratie sociale très-restreinte, pouvant tenir tout entière
dans l'enceinte d'une Assemblée, mais rappelant les œuvres sages et glorieuses du passé, et intéressée à les
faire respecter.

Paris. — Imp. Moderne (Barthier, d'), rue J.-J. Rousseau, 61.